Geoestratégia Global

Economia, Poder e Gestão de Territórios

Marcelo Milano Falcão Vieira
Euripedes Falcão Vieira

Geoestratégia
Global

Economia, Poder e Gestão de Territórios

FGV
EDITORA

ISBN — 978-85-225-0624-8

Copyright © Marcelo Milano Falcão Vieira e Euripedes Falcão Vieira

Direitos desta edição reservados à

EDITORA FGV
Rua Jornalista Orlando Dantas, 37
22231-010 — Rio de Janeiro, RJ — Brasil
Tels.: 0800-21-7777 — 21-2559-4427
Fax: 21-2559-4430
e-mail: editora@fgv.br — pedidoseditora@fgv.br
web site: www.editora.fgv.br

Impresso no Brasil / Printed in Brazil

Todos os direitos reservados. A reprodução não autorizada desta publicação, no todo ou em parte, constitui violação do copyright (Lei n₀ 9.610/98).

Os conceitos emitidos neste livro são de inteira responsabilidade dos autores.

1ª edição — 2007

Preparação de originais: Mariflor Rocha

Editoração eletrônica: Maristela Almeida

Revisão: Mauro Pinto de Faria e Aleidis de Beltran

Capa: Alvaro Magalhães

Ficha catalográfica elaborada pela
Biblioteca Mario Henrique Simonsen/FGV

Vieira, Marcelo Milano Falcão
    Geoestratégia global: economia, poder e gestão de territórios/ Marcelo Milano Falcão Vieira, Euripedes Falcão Vieira. — Rio de Janeiro : Editora FGV, 2007.
    160p.

Inclui bibliografia.

    1. Globalização. 2. Geografia econômica. 3. Relações econômicas internacionais. 4. Espaço em economia. I. Vieira, Euripedes Falcão, 1933- II. Fundação Getulio Vargas. III. Título.

CDD — 910.133

Sumário

Apresentação	7
Introdução à modernidade global	11
PARTE I	17
Espaço global	19
1. Logística do espaço	21
2. Dialética dos espaços econômicos fragmentados	27
3. Modernidade global e ordem transterritorial	33
4. Teia global, interatividade e novos significados	39
PARTE II	55
Geoestratégia global	57
5. Multipolaridade produtiva	59
6. Caracterização e reordenamento dos lugares	65
7. Dimensão tempo-espaço dos territórios	77
8. Tempo-espaço da economia informacional	83
PARTE III	93
Gestão de territórios	95

    9. Poder global   97

    10. Estado-nação e poder transterritorial   103

    11. Gestão regionalizada dos territórios   113

    12. Interatividade e gestão compartilhada dos territórios   117

Parte IV   **125**

Agenda organizacional   127

    13. Organização e sociedade   129

    14. Dissonância no sistema   137

    15. Ansiedade instituída   141

    16. Organização, mudança e ruptura   147

Conclusão   **153**

Referências bibliográficas   **157**

Apresentação

Este livro amplia, aprofunda e diversifica os estudos sobre um tema de grande atualidade: globalização e território. Parte dessa temática foi abordada em livros anteriores, *Espaços econômicos: geoestratégia, poder e gestão do território* (2003), *A dialética da pós-modernidade: a sociedade em transformação* (2004) e artigos publicados em revistas especializadas. Em relação aos trabalhos anteriores foram acrescentados novas análises, conceituações e capítulos considerando, no âmbito da geoestratégia global, a dinâmica da formação dos espaços transterritoriais de produção, o poder e a gestão de territórios. Neles consagram-se princípios de geoestratégia global, formas de organização, de redefinição, de poder e de gestão de territórios.

A economia global criou espaços globais que representam fragmentos espaciais territorializados. A territorialização dos espaços produtivos mundiais caracteriza lugares globais que representam desterritorialização de espaços nacionais. Sobre essas áreas de interesse das grandes corporações multinacionais se manifestam formas de poder e influência de poder sobre a gestão do território. A transformação de lugares locais em lugares globais ocorre com a apropriação de espaços produtivos e de circulação produtiva, a estabelecer novas relações de poder. Pode-se, portanto, admitir que os cenários dos lugares globais estabeleçam conexões lógicas entre a ação de produção e a manifestação de poder. Em conseqüência, a ação e o poder se materializam sobre um objeto físico que é o lugar global, transformando-o em um objeto geográfico onde se circunscrevem as práticas econômicas e se produzem manifestações de poder.

O espaço econômico, em nível mundial, passou por profundas reformulações a partir, principalmente, dos anos 1980. O paradigma tempo-espaço ganhou novos atributos e configuração com os avanços da microeletrônica, da multipolaridade produtiva e da revolução nos métodos de gestão. A espacialidade logística passou a ser decisiva na definição e redefinição das áreas de produção global. Os fluxos de demandas de componentes, insumos e consumo modelaram formas espaciais diferenciadas e a ampliação dos sistemas de redes, garantindo a conectividade entre os diversos agentes econômicos em escala global. Os lugares globais são estabelecidos em função da regionalização — macrorregiões — em áreas de grande potencial de consumo. Os acordos multilaterais asseguram benefícios e vantagens comparativas entre países e grupos de países. Uma nova dimensão tempo-espaço territorial ganha preponderância sobre os antigos formatos da produção mundial.

O advento da era informacional — conhecimento e informação — reorientou o próprio processo evolutivo da sociedade, dominante até os anos 1970. O tempo-espaço cibernético, introduzido pelos avanços da tecnologia microeletrônica, mudou os padrões de produção, as estruturas organizacionais e os métodos de gestão. O conhecimento e a informação assumiram o comando da vida econômica e a partir dela condicionaram, de certa forma, os costumes, procedimentos e tendências. Os signos, valores e significados da modernidade industrial foram substituídos pelas imagens da era que se descortinava, o tempo das unidades estratégicas de produção, flexíveis e de alta tecnologia.

A partir do último decênio do século XX começa uma explosão de reestruturações das formas organizacionais e dos modelos de produção. A localidade passa a ter importância maior na instalação de grandes complexos produtivos e, particularmente, de alta tecnologia em diversas partes do mundo. Sem contraposição ideológica, o capitalismo assume nova face produtiva e se expande em diversas linhas de ação em dimensão global. O capitalismo passa a ser global à medida que produz, monta, distribui e se organiza em redes por todos os quadrantes do mundo. A grande produção passa a ser global; um bem de consumo tem vários componentes produzidos em diversos lugares globais do mundo. A economia é global e de velocidade. A informação e as decisões fluem instantaneamente entre as sedes do poder econômico e os centros da ação econômica. A mudança e a inovação são palavras-chave no novo cenário mundial, definindo a nova concepção de vida; trata-se, na verdade, de uma transposição de época, da modernidade da sociedade industrial para a modernidade da sociedade cibernética.

Este livro trata também da configuração dos novos modelos de gestão, principalmente, o de associação entre o poder público e o privado. A questão do poder e a gestão do território só serão entendidas sob as luzes da nova realidade. Os Estados nacionais perdem poder com a economia global e vêm sofrendo vários arranhões em suas soberanias. Os grandes blocos econômicos e os inúmeros organismos internacionais que controlam o setor financeiro e o comércio mundial formam como que uma governança global à qual os Estados nacionais da orla das supremacias econômicas são instados a se submeterem no contexto de histórica dependência.

Apresentação

A globalização é um fenômeno político, econômico e cultural da presente atualidade. Não será detida, ao contrário, crescerá em dimensão nos próximos anos. O grande dilema é como encontrar e praticar formas de relações mais harmônicas, simétricas e justas entre os membros da comunidade internacional.

As questões de que trata este livro estão divididas em quatro partes. Inicialmente é feita uma apreciação sobre a modernidade global e seus principais pressupostos. A seguir, na primeira parte é feita uma análise do espaço econômico, do paradigma tempo-espaço, da evolução das formas sociais e econômicas, da espacialidade logística e da dialética dos espaços fragmentados. Também são tratados temas relacionados aos fluxos e às redes globais. Na segunda parte os temas dizem respeito às novas conformações territoriais, à redefinição dos lugares, o lugar global e o lugar local, à geoestratégia dos espaços econômicos e às questões relativas à nova dimensão espaço-temporal do território. A terceira parte trata do poder, particularmente, a relação de poder nacional e poder transterritorial, das complexas questões ligadas à gestão compartilhada do território e da gestão regionalizada. A quarta parte trabalha a temática das organizações e suas relações com a sociedade; a dissonância no sistema e a ansiedade instituída, as mudanças e rupturas, compondo um cenário de profundas transformações, avanços, tecnologias, mas, igualmente, de incertezas e ansiedades não só no desenrolar dos fatos presentes, como, também, na perspectiva de tempos futuros.

Os temas aqui tratados, por certo, podem ser analisados sob outros enfoques interpretativos e analíticos. As transformações na ordem econômica, no mundo da tecnologia e do conhecimento ocorrem em curto prazo, motivando novas variáveis analíticas nas percepções da realidade atual e, também, nas projeções futuras.

Esperamos, contudo, ter dado uma contribuição à discussão de temas tão atuais e complexos à análise da atualidade. A abordagem transdisciplinar amplia o campo de visão à compreensão das rupturas que balizam o fim de uma modernidade e o início de outra. Há uma nova realidade compondo a arquitetura da sociedade global. O notável é que se trata de um movimento que avança sem o ponto e o contraponto ideológico e sem nomes condutores. O princípio determinante está na dinâmica do conhecimento, uma força incontida capaz de auto-superação em duração cada vez mais curta.

Introdução à modernidade global

Há uma nova ordem econômica internacional, marcada por um tempo de grandes mudanças e rupturas. O fim do grande confronto ideológico do século XX e com ele do sistema econômico, social e cultural centralizado e dominado pelo Estado, abriu caminho a novas conformações espaciais, relações econômicas e sociais de caráter global, motivando inúmeros processos dialéticos que se renovam rapidamente. A fronteira tecnológica em deslocamento permanente, o avanço do conhecimento, a inundação da informação, os poderes transnacionais e as soberanias nacionais compartilhadas são algumas das mudanças e rupturas com o passado ainda recente.

As forças econômicas transterritoriais liberadas pela onda do impulso global avançaram sobre as territorialidades nacionais, afetando as soberanias e alterando as forças internas de sustentação do Estado-nação. O poder de transformação foi de tal ordem que levou Bauman (2005:34) a afirmar: "globalização significa que o Estado não tem mais o poder ou o desejo de manter uma união sólida e inabalável com a nação". Ainda Bauman (2005:51):

> o Estado-nação não é mais o depositário natural da confiança pública. A confiança foi exilada do lar em que viveu durante a maior parte da história moderna. Agora está flutuando à deriva em busca de abrigos alternativos — mas nenhuma das alternativas oferecidas conseguiu até agora equiparar-se, como porto de escala, à solidez e aparente "neutralidade" do Estado-nação.

Essa é, na verdade, a razão da perplexidade com o fenômeno da globalização. Ele desestrutura as sólidas bases do Estado-nação, rompendo, de certa forma, os laços de cumplicidade entre o Estado, território e sociedade, ou seja, entre a nação e o Estado.

A palavra globalização tem uma função de signo no processo dialético que capitaneia a mudança na sociedade e a transformação profunda nas relações entre países e blocos econômicos. Contudo, a globalização "não é um conceito ligado a uma teoria claramente articulada, mas se transformou numa poderosa metáfora para descrever numerosos processos universais em curso", como afirma Boisier (2005:48). A nova ordem econômica mundial, fortalecida a partir da década de 1990, e em contínua evolução, provocou uma ruptura na "solidez" do Estado-nação. Isso significa que não mais perduram as bases de ação do Estado-nação voltadas para a territorialidade exclusiva, na qual se aplicavam projetos nacionais de desenvolvimento na dimensão intimista entre o Estado e a nação.

Um novo tempo está presente, uma época de mudanças e rupturas. A alta tecnologia, o conhecimento, a informação, os poderes transterritoriais produziram novas relações sociais e soberanias nacionais compartilhadas. Recentemente, deu-se a ascensão do poder unilateral, cujas conseqüências militares e econômicas formam a grande perplexidade do cenário global. As forças econômicas transterritoriais, particularmente, avançaram em ondas sobre as territorialidades nacionais, afetando as soberanias e alterando as forças internas de sustentação do Estado-nação. Essa realidade levou Silveira (2005:10) a indagar "como os territórios nacionais estão sendo usados, de fato, pelos diversos agentes num momento de profunda internacionalização da economia". A transterritorialização da economia impõe, na verdade, uma permanente reordenação dos territórios nacionais.

O Estado é o poder instituído da sociedade organizada. A nação é a sociedade simbólica. O Estado, a nação e o poder são ordenados em torno do território, da bandeira, do hino e do consciente coletivo. O intimismo entre essas concepções e símbolos maiores é fundamental à soberania do Estado-nação. São forças internas prevalentes, estruturas simbólicas nacionais mantidas acima da ordem instituída em cenários transterritoriais.

As perspectivas e as realidades nos anos de passagem entre modernidades — pós-modernidade — ou modernidade líquida como prefere Bauman (2001) mostram, contudo, uma modelagem de Estado diferente, fortemente atuante no tempo-espaço econômico global e dissonante internamente, em cada imaginário social. De certo modo sempre houve uma dimensão acima da representatividade do Estado nacional. As atividades econômicas na seqüência do impulso civilizador, os interesses políticos dominantes e as influências culturais sempre exerceram maior ou menor poder sobre as sociedades nacionais. Contudo, mesmo no caso de perdas territoriais por conquista, a unidade nacional se manteve e sempre reagiu contra as formas de dominação. Cedo ou tarde a fadiga do domínio derrubou o poder de supremacia e as sociedades nacionais se recompuseram em suas formas, signos e símbolos.

A força telúrica das nacionalidades se impôs em territorialidades antigas, sempre predispostas à reação diante de poderes externos. Constituídas em tempos remotos à razão imemorável, nação e território constituíram uma identidade única e irrevogável. Unidade que transpôs dominações, genocídios, miscigenações e aculturações, mas perene no imaginário nacional e nos símbolos a ele identificados. Mesmo nos territórios onde se desenrolaram ações de genocídio contra populações nativas, algo ficou como uma territorialidade — base para a construção de nacionalidades, de Estados e formas de poder. Nas nações territoriais, que se tornariam Estados-nações institucionais, ergueram-se os símbolos das sociedades emergentes. As fragmentações territoriais representaram na América Latina, particularmente, os domínios de antigas civilizações, de núcleos nativos retardatários e a ocupação de vastos espaços vazios. A conquista e a posse de territorialidades continentais foi um gigantesco esforço carregado de significações de ordem material e espiritual.

As relações que se estabeleceram entre o Estado, a nação e o território garantiram a sobrevivência das novas sociedades americanas. Em tempos diferentes as sociedades que se edificaram com a onda colonizadora formaram seus Estados e suas ordens de poder. As rupturas com as ordens políticas de origem fundamentaram as novas ordens políticas nacionais, ainda que sob influências não revogadas totalmente. Em todos os níveis de evolução das sociedades americanas, os vínculos originais permaneceram fortes, embora diferenciados em grau e mérito. Na América do Norte nação e território tiveram processos evolutivos identificados com diversas matrizes civilizadoras, compondo estruturas nacionais étnicas e religiosas de maior heterogeneidade. A América Latina, predominantemente ibérica, manteve por tempo mais longo estruturas coloniais, com amplo domínio político, religioso, econômico e elitista matricial. Os Estados nacionais, com perdas significativas pelo maior tempo de influência externa, e absorvendo grande parte do retardamento cultural e social das estruturas nativas desorganizadas, mantiveram, ainda, assim, o simbolismo do território-nação.

As antigas estruturas agrárias, predominantes em grande parte dos Estados nacionais latino-americanos foram, parcialmente, suplantadas pelo processo industrial. O século XX assistiu à introdução da era industrial particularmente no Brasil, Argentina, Chile e México. Contudo, mesmo nesses países a base agropecuária, e mineira, se manteve forte até o presente. A evolução tecnológica e organizacional provocou o direcionamento das atividades econômicas primárias a formatos empresariais de alta tecnologia. Essa mudança condicionou uma nova base sociológica e econômica no arcaico ruralismo regional. A economia oriunda da terra se recuperou e fortaleceu a ponto de os agronegócios assumirem destacada importância nas relações de trocas internacionais. No contraponto, a dramaticidade social ganhou novos contornos na clivagem dos tempos de mudança.

A modernidade global trouxe novos choques às ordens nacionais. A transterritorialidade produtiva, os mercados e os poderes globais enfraqueceram a ordem e os poderes nacionais. A passagem de uma a outra ordem produziu descompassos na estrutura social, abalos que não puderam ser evitados pela própria rapidez das mudanças, inserções e novas dependências. As desestruturações internas aguçaram o conflito entre o Estado e a nação. Há um crescente afastamento entre o Estado e a sociedade nacional impulsionado pela perspectiva global, inundada de novos interesses, valores e símbolos. O Estado (República) na América Latina caminha em direção a negociações econômicas globais; os interesses sociais no plano interno ficam subjacentes. O Estado, na verdade, atua mais como preposto de interesses transterritoriais, claramente sobrepostos aos objetivos nacionais. Há, evidentemente, na nova realidade, perda da interatividade entre Estado e nação.

A sociedade cibernética (ciberespaço-tempo) é um horizonte de novas luzes e eventos que começa a modelar o sujeito individual, o sujeito coletivo e a sociedade como totalidade nacional. A mudança de comportamento é uma inflexão do sujeito atuante que se encaixa em nova estrutura cognitiva comandada pela tecnologia microeletrônica. A configuração tempo-espaço como realidade virtual incorporada ao modo de vida pressupõe uma adequação da agenda organizacional. Segue-se um ciclo de mudanças, inovações e formas comportamentais simétricas ao domínio tecnológico contínuo do cotidiano. Os ciclos de mudanças se inserem na dinâmica da sociedade que, ao perpassar dos anos, produziu formas simbólicas de domínio social.

A sociedade dos novos paradigmas, na introdução à época cibernética, acentua uma dissonância sistêmica. O crescimento econômico não é propriamente um projeto de desenvolvimento baseado em estratégia social. Os indicadores do crescimento quase sempre se contrapõem aos índices de desenvolvimento humano. Isso significa que crescimento como meta do sistema capitalista pode alcançar alta significância de desempenho e resultados positivos, porém, pouco ou nada tem a ver com o desenvolvimento tomado como o conjunto harmônico das atividades econômicas e os avanços sociais. Pode-se considerar essa uma das bases das desigualdades sociais que conduz a um conformismo responsável pela perenidade do paradoxo do crescimento.

Na atual ordem global, Estado-nação não pode ser conceituado como o foi durante o período da modernidade industrial. A ordem internacional mudou e com ela os poderes escaparam rapidamente das dimensões nacionais para uma configuração transterritorial. Os poderes globais transcendem amplamente a territorialidade e a soberania nacionais. São poderes dominantes ou compartilhados, mas sempre poderes que provocam rupturas de identidades.

A transterritorialidade econômica é uma conformação tempo-espaço da produção estabelecida pela geoestratégia global. As estratégias globais produzem sistemas de forças que se sobrepõem às práticas que institucionalizaram a ordem econômica interna do Estado-nação. Os lugares-sedes ou lugares globais são espaços nacionais estratégicos para a operacionalização das atividades econômicas transnacionais, numa conformação geográfica. Internamente, a forma de inserção na economia global, as privatizações, desregulamentações, concessões espaciais, benefícios fiscais e política de investimentos na dívida pública têm uma conformação institucional. Dessa forma, a institucionalização do Estado-nação por práticas políticas cede a formas de modelagem institucional da transnacionalidade dos eventos econômicos.

A realidade global mostra um cenário no qual a transterritorialidade dos eventos econômicos perpassa as nacionalidades. O fenômeno econômico, do ponto de vista puramente analítico, é transnacional, portanto, envolvendo várias nacionalidades, isoladamente ou associadas. Isso conduz à idéia de redefinição de territórios nas dimensões geográfica, jurídica, política e militar. Nesse contexto se formam os blocos econômicos com a intenção de assegurar aos países-membros melhores condições de participação no comércio internacional. Os governos nacionais, dentro da lógica dos investimentos externos, procuram oferecer facilidades à instalação de lugares globais e benefícios fiscais às iniciativas de produção. Assim, a natureza dos fluxos específicos de cada unidade de produção, independentemente da base física, deixa de ser nacional, assumindo um caráter transterritorial no sistema de complementação de componentes, montagens, insumos, matéria-prima e tecnologia. Os espaços econômicos definidos por acordos multilaterais, blocos econômicos, criam novas linhas de fluxos e com elas a imagem de interação em redes.

A ordem econômica transterritorial se realiza em configurações territoriais logísticas, produzindo cenários geoestratégicos nos quais se articulam a importância do lugar, o regionalismo, o local da ação e as manifestações de poder. A regionalização é uma forma de reordenamento dos territórios, uma territorialidade transnacional, origem e destino dos fluxos cruzados da produção e da comercialização. A globalização e o território, nacional ou transnacional, são uma associação da nova ordem produtiva internacional, pois caracterizam um dos pontos vitais da economia atual: a multipolaridade produtiva, ou seja, os múltiplos territórios de produção, e o tráfego policêntrico que representa a movimentação fragmentada de componentes entre os pólos de produção e montagens. Para Boisier (2005:49) "globalização e território configuram um par sobre cuja interação e existência concreta há posições divergentes, pois para alguns a globalização desvaloriza o território e para outros, ao contrário, produz uma revalorização territorial". Tudo depende, contudo, das políticas internas de cada Estado-nação, construídas na visão estratégica global.

Há uma lógica sistêmica determinante da relativa agregação de valor ao território. Na globalização nada é permanente e tudo se estabelece e se sustenta em curto prazo. Na visão dos interesses produtivos globais, "a empresa deixa de ser considerada como a expressão concreta do capitalismo; ela aparece cada vez mais como uma unidade estratégica no mercado internacional competitivo e como agente de utilização de novas tecnologias", segundo Touraine (1999:150). A empresa, como unidade estratégica é, pois, transitória, dependente da logística que regula os mercados e das circunstâncias nacionais que possam beneficiar ou onerar os resultados. Por conseqüência, a unidade estratégica de produção global não é projetada para uma existência de longo prazo.

A era industrial, com suporte em tecnologias pesadas e fixas, caracterizava uma produção de longo prazo e a sociedade que ela instituiu foi igualmente de longo prazo nas manifestações de costumes e comportamentos; uma modernidade de longo prazo. A sociedade que a sucedeu, cibernética, com suporte em tecnologias leves, com estruturas flexíveis e transferíveis de um lugar a outro e com a rapidez da inovação, caracteriza-se por uma modernidade de curto prazo. A era cibernética é um tempo de mudanças e flexibilidades, do transitório, enfim, uma sociedade do curto prazo, invadida pela onda inovadora.

Parte I

Espaço global

Globalização é uma ordem econômica ampla, complexa e dominante. É preciso, acima de tudo, ter noção de sua funcionalidade sistêmica. A globalização tem uma lógica de ação, de articulação, funcionando em tempo real por meio de uma gigantesca teia de interconexões. A partir do entendimento da razão global, do poder irradiado e da gestão do território poderão ser montadas, com sucesso, as políticas de planejamento e gestão estratégica. O cenário global está em nosso cotidiano, portanto, é a realidade de nossas vidas. Ele, também, incorpora identidades nacionais e compartilha poder e gestão.

1

Logística do espaço

Globalização, poder e território caracterizam o espaço aberto da nova ordem econômica mundial. Rompem-se as barreiras nacionais, criam-se novas conformações espaciais e o poder torna-se transnacional. A idéia global não é uma idéia ideológica. É o resultado lógico da expansão da atividade produtiva em modelagem tecnocognitiva renovada. A construção de uma teoria crítica à globalização não pode situar-se no campo das generalizações ou aliar-se à contraposição de alternativas quase sempre retiradas do passado, ou até mesmo a falta delas em vista do vazio ideológico e da ausência de utopias.

Para Boisier (2005:48) "a globalização é uma poderosa metáfora para descrever vários processos mundiais em curso". Outro autor, Canclini (1999) cunhou uma expressão conceitual, de fino humor: *"todo lo que nos es culpa de la corriente del Nino, es culpa de la globalización"*. A globalização é, na verdade, o cenário de produção transnacional ao qual se associam, bem ou mal, os cenários nacionais. Para Canclini (1999:21) se coloca a questão de globalizar ou defender a identidade; a um só tempo se entende a globalização como forma de expansão dos mercados, aumentando a potencialidade econômica das nações; concomitantemente a ela se atribui o enfraquecimento do Estado-nação. A idéia de se manter as identidades nacionais num cenário global, onde domina o poder transnacional, pode representar a possibilidade concreta de equilíbrios entre sistemas de forças internas e externas.

A globalização foi transformada em muro das lamentações sociais. A ela se vem atribuindo todos os males das desigualdades, dos confrontos pela terra, pelo teto, pela justiça, pela distribuição da renda e pela exclusão social. Mas esses males já existiam antes do processo de globalização das atividades produtivas. A ordem econômica global pode ter agravado em parte esses problemas, principalmente, considerando as distorções que levaram ao predomínio da especulação financeira sobre o processo produtivo. Mas é preciso considerar outras variáveis importantes como questões políticas internas, a falta de projetos nacionais de desenvolvimento, a carência de formação educacional adequada em face da alta tecnologia aplicada aos setores produtivos e, sem dúvida, para os países mais pobres, a questão da reprodução humana.

Globalização é uma concepção cognitiva, uma representação lingüística e uma transgressão de modernidade. Concepção cognitiva por ser a idealização de uma conformação de produção em espaços transterritoriais. Como bem afirmou Canclini (1999:45) a globalização é "um objeto cultural não identificado"; cultural e econômico, para garantir, enfaticamente, duas bases fundamentais da evolução e do sucesso da civilização. Ela representa uma transgressão de modernidade a partir do momento em que incorpora, ao processo produtivo, o suporte da entrante tecnologia microeletrônica. A sociedade industrial, de tecnologias pesadas e de fixidez, costumes e poder, fica irremediavelmente para trás. Avança a sociedade cibernética, das tecnologias leves, da flexibilidade, de outros costumes e poder. Há um tempo intervalar entre as duas sociedades, uma transição modelando a face da nova época que se instala. É um tempo curto identificando uma época de intensas e rápidas inovações. A modernidade que chega, tocada pelos ventos da mudança e inovação, tem sua própria expressão lingüística, a ser assimilada na voragem do transitório paradigmático.

Poder é uma ordem de comandos hierarquizados e funcionalizados. A dialética do poder, político e econômico, estabelece as bases para a gestão do território. Os lugares globais, ou lugares-sedes da ação econômica são territorializados nacionalmente, mas os fluxos de poder são desterritorializados, ou seja, são transterritoriais. Há várias manifestações de poder na atual ordem econômica e política internacional: o poder de supremacias nacionais, o poder de macrorregiões, o poder de organismos financeiros e de grupos de países representativos de escalas de riqueza e o poder de organizações não-governamentais. Delineia-se, claramente, no horizonte global, o poder econômico compartilhado sobre territorialidades nacionais e transnacionais, principalmente, o formato de regionalismo territorial. A realidade mostra um poder econômico diferenciado dos antigos expansionismos sustentados por ações militares (Hobsbawm, 1995; Arrighi, 1994).

Território é a base física de localização da atividade econômica. Para Barquero (2002:15) "a globalização é um processo vinculado ao território, não apenas porque envolve nações e países, mas, sobretudo, porque a dinâmica econômica e o ajuste produtivo dependem das decisões sobre investimento e localização tomadas pelos atores econômicos, sendo também uma função dos fatores de atração do território". Assim, para Barquero (2002:39) "o território é um agente de transformação e não mero suporte dos recursos e atividades econômicas".

Na economia global a localização do território tem dois pressupostos importantes à logística e à estratégia para o espaço produtivo: os determinantes físicos e sociais. Nas localizações territoriais, as formas, as dimensões e a dinâmica dos processos naturais oferecem particularidades intimamente relacionadas com a decorrência de tempo dos eventos de origem. Do ponto de vista físico, os territórios podem ser de formação antiga, intermediária ou recente em escala de tempo geológico aos fenômenos naturais. A localização é uma categoria geoeconômica fundamental, pois as formas espaciais que caracterizam o território poderão garantir um suporte físico à construção do espaço social, definindo funções específicas. Para Rattenbach (apud Ratzel, 1985:15) "a localização de um território se acha compreendida, de imediato, pela dimensão e a forma do mesmo". Entre esses elementos da definição territorial e o processo social se estabelecem vinculações pertinentes que, por sua vez, definem funcionalidades espaciais.

Os determinantes da construção física do território estão compreendidos na dialética da natureza. São forças que atuam com maior ou menor intensidade, dependendo da energia gerada a partir de fenômenos naturais. Tomando uma escala ampla de tempo e de ocorrência de fenômenos naturais, pode-se, com base em Tricart e Cailleux (1995), afirmar que sobre as geoestruturas se desencadeiam processos físico-químicos que modificam, permanentemente, as formas, como resultado de "combinações em proporções variáveis, ao mesmo tempo, oposição ou adaptação, ação, ao mesmo tempo reação, ou seja, unidade dialética". Cada fenômeno natural corresponde sempre a duas ordens de grandeza: temporal e espacial.

Os determinantes sociais atuantes sobre o espaço físico seguem, de modo geral, e de início, as especificidades naturais. São definidas, no processo histórico inicial, as funcionalidades que poderão servir de base à formação econômica e social. Contudo, não se gera uma definição espacial determinista ou passiva, mas, como afirmou Ratzel, a localização compreende uma dinâmica de entrega e recepção permanente. Essa dinâmica responde pelas redefinições, os reordenamentos e as geoestratégias dos espaços econômicos.

O espaço logístico pode se formar num ambiente natural em evolução, como no caso de uma condição portuária, ou orla fluvial. Os espaços físicos são ambientes naturais, com maior ou menor dinamicidade evolutiva, onde atuam as forças da natureza; sobre eles se constroem os espaços sociais. A diversidade de formas da superfície terrestre, *"l'epiderme de la Terre"*, Tricart e Cailleux (1995), caracteriza os espaços naturais. Os processos naturais são permanentes, produzindo formas que representam um contínuo estado de transição; da mesma maneira, pode-se falar na transição dos impulsos civilizadores. Alguns fenômenos naturais são lentos e de longa duração; outros, porém, se caracterizam por uma dinâmica mais ativa, cuja intensidade produz formas que evoluem em temporalidades geológicas mais breves. As temporalidades geológicas são importantes do ponto de vista econômico, pois são fontes de recursos renováveis ou não. Nelas se formaram, ao longo dos anos, os geossistemas e os ecossistemas ricos em recursos naturais. Em muitas, ainda, nada é definitivo, tudo transita, evolui e se transforma. A aparente simplicidade de algumas formas espaciais encerra alta complexidade de fatores que a natureza aciona permanentemente (Vieira e Rangel, 1988).

O espaço socialmente construído, no qual as gerações se sucedem, alimentando o processo civilizador é extremamente dinâmico. A evolução das civilizações, a exemplo dos espaços naturais, é diferenciada em processos mais ou menos dinâmicos. As variáveis que condicionaram os ritmos de desenvolvimento de grupos sociais ao longo dos processos civilizadores são inúmeras, podendo ser consideradas as referentes ao maior ou menor isolamento geográfico, ao maior ou menor grau de modernização, a condições climáticas específicas, ao padrão cultural, aos impactos da conquista e da dominação. Essas variáveis, por sua vez, condicionam a evolução dos processos sociodemográficos. Para Valentei (1974:15) "os processos demográficos, sociais em sua essência, se manifestam mais ou menos intensamente como resultado do desenvolvimento do modo de produção, o que, também, de certa forma influi no crescimento das forças produtivas". O processo de desenvolvimento se move com maior ou menor intensidade, de acordo com o potencial de energia que atua sobre o sistema produtivo. Assim, quanto maior a energia aplicada, tanto menor o tempo necessário ao ritmo evolutivo do sistema espacial de produção, conforme Vieira e Rangel (1993:69). Combinam-se, nessa equação, as variáveis política, tecnológica, prática produtiva e étnico-cultural (figura 1).

Figura 1
Configuração tempo-espaço no processo produtivo:
relação energia/ritmo de desenvolvimento

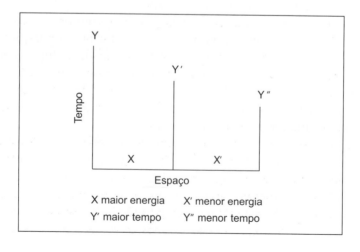

X maior energia   X' menor energia
Y' maior tempo   Y" menor tempo

A figura 1 mostra a relação entre a energia produtiva aplicada no espaço econômico e os ritmos de desenvolvimento. A maior concentração de energia socioeconômica incorporada a determinado tempo-espaço produtivo aumenta o ritmo da dinâmica do desenvolvimento. A mesma intensidade produz resultados diferenciais quando se consideram as variáveis que a formam, ou seja, o padrão das práticas produtivas, os níveis tecnológicos e o contexto étnico/cultural. No encadeamento lógico do sistema, quanto mais elevado for o nível tecnológico e mais apropriadas as práticas produtivas maior será, naturalmente, o ritmo do desenvolvimento (figura 1). É possível identificar esse cenário com a teoria territorial do desenvolvimento. Conforme Barquero (2002:39) "o desenvolvimento endógeno é, antes de tudo, uma estratégia para a ação. As comunidades locais têm uma identidade própria, que as leva a tomarem iniciativas visando assegurar o seu desenvolvimento". Forma-se, no conjunto, um campo de forças mutuamente dependentes, no qual a visão política representa um fator decisivo.

A visão política pode estabelecer planos de utilização dos espaços econômicos, concentrando atividades produtivas em zoneamentos regionalizados. Regiões urbanas e pólos de desenvolvimento são realidades na economia global. A Região Metropolitana de Porto Alegre é um exemplo expressivo; nela se concentram mais de 50% do parque industrial gaúcho e mais de 48% de toda a população do Rio Grande do Sul. A produção desse novo espaço industrial já não ocorre no interior do centro urbano. Ao contrário, dele se distancia, partindo da periferia e se expandindo por áreas de municípios limítrofes, guardando, contudo, relações de conexão por vários fluxos, caracterizando a contigüidade e a extensão das regiões polarizadas ou espaços polarizados (Boudeville, 1961).

Essa tendência levaria à prática política de aperfeiçoar o planejamento espacial estratégico das atividades produtivas. O que se seguiu foi o espaço urbano desindustrializado e a conseqüente criação, segundo determinantes logísticos, dos espaços industriais programados. Outros exemplos podem ser citados: o ABC paulista; os novos sistemas regionais metropolitanos de Hong Kong e Pearl River Delta; Tóquio-Yocohama-Nagoya; as zonas econômicas especiais (China); o alto Reno (Baden-Würtemberg); San Diego-Tijuana; o norte da Itália; Cingapura; Malásia; Coréia do Sul; além das tecnópoles (Seul-Inchon, Moscou-Zelenograd, Taipei-Hsinshu, Xangai; Tóquio; Paris-Sud; Corredor M-4 Londres; Vale do Silício; Triângulo de Pesquisas da Carolina do Norte; Munique etc.). Todos são espaços de inovação tecnológica (Castells, 1999; Ohmae, 1996 e outros).

A formação de blocos regionais e continentais sob a forma de macromercados — Mercosul, Pacto Andino, Nafta, Alca (em formação), UE (União Européia), Asean (Associação dos Países do Sudeste Asiático), Apec (Cooperação Econômica da Ásia e do Pacífico) — polariza áreas e ativa as estratégias dos fluxos cruzados. Corporações multinacionais implantam unidades montadores de configuração transregional para atender as demandas dos mercados intra e inter-regionais e intercontinentais, redimensionando a geoestratégia aos espaços logísticos dos lugares globais.

Na logística do tempo-espaço global distinguem-se o lugar-sede e os centros de comando, por meio de ações e poder do espectro transterritorial. A queda das barreiras espaciais foi condição essencial para que se instalassem os lugares globais e deles irradiassem formas de poder e gestão dos territórios. A figura 2 mostra as conexões estabelecidas na configuração tempo-espaço econômico global.

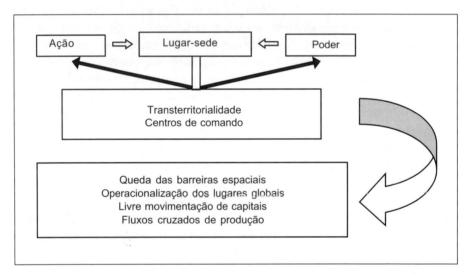

Figura 2
A ordem transterritorial
Tempo-espaço econômico global

2

Dialética dos espaços econômicos fragmentados

Esse novo patamar da geoestratégia dos espaços econômicos, com suporte nos atributos logísticos, responde pela definição ou reordenamento do território, caracterizando os lugares globais, fragmentando-os dos lugares locais: é a dialética dos espaços fragmentados. Pode-se considerar uma mudança substancial na caracterização dos espaços econômicos, a partir da importância do lugar no processo de inserção na economia global. Lugares locais estão se transformando em lugares globais. Essa mudança não se mostra apenas física, mas, sobretudo, de métodos de produção e de gestão diferenciada. A queda das barreiras espaciais que favoreceu o avanço da globalização não produz, necessariamente, a homogeneização do espaço. Ao contrário, há a possibilidade de fragmentação do espaço, ou seja, espaços diferenciados de produção e gestão em territorialidades nacionais ou macrorregiões supranacionais.

Estabelecer a diferenciação dos espaços a partir do deslocamento do centro de decisões para o exterior encontra o argumento de Santos (1996:217-220) de que "afirma-se ainda mais, a dialética do território, mediante um controle local da parcela técnica da produção e um controle remoto da parcela política da produção". Caracteriza-se, assim, a dicotomia econômica dos lugares sedes da ação e dos lugares centros da ação. A globalização de espaços locais ou regionais à produção e aos transportes (portos) pode conduzir à diferenciação entre o local e o global. Em Santos (1996:272) "cada lugar é, ao mesmo tempo, objeto de uma razão global e de uma razão local, convivendo dialeticamente". A fragmentação dos espaços econômicos pode ser uma possibilidade que se concretize a partir da razão global e da razão local. Se ocorrer, essa possibilidade sugere a questão do poder. Instalada a razão global, o poder de controle do lugar global pode se sobrepor ao poder do lugar local, mesmo em territorialidades contíguas.

No processo de uniformização ou fragmentação dos espaços regionais há conflitos, o que é natural; por isso, Dicken (1992) admite uma tensão entre as forças da globalização e da localização. Para Morin (1980) o mundo caminha para a homogeneidade, unificação e organização, ao mesmo tempo está em via de heterogeneidade, de conflitos e de crise. O novo modernismo territorial trouxe outras formas de fragmentação do espaço, e recortes temporais nos espaços virtuais criados pelas novas tecnologias da microeletrônica. Assim, pode-se considerar a fragmentação do espaço em sentido virtual e real. É virtual porque preexiste à ação econômica e realiza o espaço produtivo quando se torna objeto técnico de uma estratégia logística. Passa a ser real quando desenvolve a ação econômica.

A economia global é um processo de expansão planetária da economia capitalista em novo formato, mas está longe de ser um manto econômico unificando os espaços econômicos, incorporando todos os territórios aos mercados globais e padronizando o consumo em nível mundial. O fato de desencadear a guerra dos lugares, de implementar estratégias de domínio regionais, de trasladar-se dos lugares e incorporar novos contingentes de consumidores mostra, claramente, que a fase atual da expansão capitalista global é de fragmentar espaços, torná-los lugares globais e deles projetar influências de poder que possam assegurar o controle dos mercados.

A incorporação de novos lugares ao processo de produção e circulação global só tem interesse se incorporar, igualmente, um novo espaço de consumo. As territorialidades da América Latina, visadas para a instalação de estratégias de produção global, estão voltadas para mercados regionais/nacionais e transregionais. A queda das barreiras espaciais, o enfraquecimento do Estado-nação, o rolo compressor da dialética global facilitaram o encaminhamento à desterritorialização dos novos espaços produtivos. Mesmo com resistências, essa é uma tendência difícil de ser contida. O passar do tempo e as pressões externas, segundo Castells (1999:120) "fazem com que países, regiões e populações estejam em mudança constante, o que equivale à instabilidade induzida pela própria estrutura".

A fragmentação do espaço tem sido, ao longo da história, e destacadamente da história do colonialismo e do imperialismo econômico, uma sucessão de reordenamentos territoriais. Domínios políticos estratégicos, sobre recursos naturais e sobre mercados, marcaram a dinâmica da fragmentação dos espaços mundiais. Atualmente ocorre, talvez, o maior processo de reordenamento do espaço, desde a repartição da África pelas potências européias (ocidentais) em Berlim (1875). O fim da bipolaridade ideológica e a revolução da microeletrônica liberaram as ondas de expansão das novas frentes de produção, com inovadas estruturas organizacionais e estratégias globais. A queda das barreiras espaciais permitiu o reordenamento do espaço mundial sob novos interesses de multipolaridade produtiva, geoestratégias regionais e globalização dos mercados.

A atual fase do capitalismo, referenciada à era pós-industrial pelo domínio informacional/global, transparece, como em nenhuma das fases precedentes, sua mais extraordinária capacidade: a flexibilidade. Braudel (1986) já destacava essa capacidade de evoluir sob novas formas de organização espacial e renovada dialética de convencimento, argumentando sobre a flexibilidade ilimitada, o ecletismo e a capacidade de mudança e adaptação do capitalismo. A transição à modernidade global produziu a gigantesca onda econômica e financeira que se derramou sobre Estados-nações de vários continentes. A globalização abriu amplos caminhos a formas espaciais diferenciadas, territorializando e desterritorializando espaços nacionais, transformando-os em espaços produtivos transterritoriais, dispersos e unidos ao mesmo tempo pelas redes globais.

A fragmentação tempo-espaço, as novas estratégias de produção e os condicionamentos sociais imanentes colocam a questão da atualidade. Os acontecimentos de atualidade ocorreram em todas as principais fases do desenvolvimento da sociedade. Não importa o enquadramento em pré-modernidade, modernidade ou pós-modernidade. Há sempre uma atualidade, marcada por um signo que representa a causa do progresso. Kant afirmou que é preciso determinar se há uma causa possível para o progresso; se for estabelecida uma causa torna-se necessário demonstrar que ela atua efetivamente, destacando um determinado acontecimento identificador de sua atuação concreta. Foucault (1996) considerou importante isolar no interior da história um acontecimento que tenha o valor de signo.

Pode-se então perguntar: qual o signo que efetivamente condiciona o progresso, que possa ser considerado causa determinante dele na atualidade: o conhecimento, a informação, a tecnologia, a mudança e a inovação? Sim, um signo plural, sintetizado na singularidade da revolução global. Em torno dele, contudo, há o espetáculo global. Talvez seja adequado pensar como Foucault (1996) que há uma heroificação irônica da realidade. Não é a grande mudança no cenário econômico-social o fato mais significativo, mas o espetáculo em torno dele: o mercado, os perfis dos atores principais, a magia das palavras eficiência, modernização, competição, adaptação e privatização. Essa é a exuberante cena do espetáculo que se contrapõe à perplexidade dos que vêem o presente com olhar crítico, ou dos que apenas a assistem e se deixam arrastar por ela. A atualidade — fragmentação do tempo-espaço —, a razão econômica global e a razão social condicionada identificam o cenário de Foucault (1996:95): "não estão mais além do instante presente, nem atrás dele, senão nele"!

Atualmente é relevante considerar as rápidas e profundas inovações no campo do conhecimento. Os avanços da ciência, da tecnologia, os padrões de produção e de consumo introduzem o tempo da inovação, no qual os modos de ser, de comportamento, formação pessoal e integração social se desvinculam rapidamente de tudo o que até bem pouco tinha uma atualidade incontestável. É um tempo de mudanças que não pode ser detido, pois representa uma fase de celebração da inteligência, da extraordinária capacidade da mente humana de ampliar sempre a fronteira do conhecimento. Na segunda metade do século XX, liberta dos condicionamentos e dogmas que a impediam de inovar, a inteligência humana rompeu seguidamente as fronteiras do conhecimento, numa velocidade até então não ousada. No presente, não há barreiras para o novo, para a prática da ciência e para as novas tecnologias, inclusive as da vida.

O velho (recente) mundo das idéias e das práticas conservadoras não poderá resistir à força do ideário da época atual. É um avanço rápido, introduzindo, continuamente, a alta tecnologia e a transformação dos padrões de comportamento individual e coletivo. Os novos modelos de negócios, de relações de trabalho, de organização social e de gestão pública se imporão cada vez mais, vencendo o confronto, inevitável, com a antiga práxis da sociedade industrial. Os negócios estão transitando de uma realidade física, nas relações entre produtores, comerciantes e consumidores para outra, virtual, por cujas vias imateriais fluem os interesses e as transações. O atual modelo de organização social vive a crise da passagem do antigo (recente) para o novo; é um tempo para outras relações de trabalho com vínculos diferenciados entre os agentes da produção. A profundidade da crise social será tanto maior quanto menor o entendimento que os países periféricos tiverem do esgotamento do modelo industrial e sua substituição pelo modelo informacional ou pós-industrial.

Essa fragmentação do tempo, esses recortes temporais no mundo do conhecimento precipitam, rapidamente, mudanças comportamentais. A sensação que se recolhe tanto da redefinição espacial como em arcos do tempo, cada vez mais comprimidos, é de que tudo é transitivo, tudo é efêmero e, nada, portanto, se fixa num espaço e num tempo duradouro. Trata-se, como acentuou Ianni (1998:170) do universo da fragmentação; "fragmentam-se o espaço e o tempo, o pensado e o pensamento, a realidade e a virtualidade, o todo e a parte". Porém, no mesmo tempo da fragmentação, o mundo global une por meio de amplo sistema de redes, as formas espaciais e os fluxos que nele se originam.

A geografia econômica é um espaço em movimento, capaz de conduzir à mudança social. Nesse sentido, é uma evolução bem caracterizada pela idéia de passado, presente e futuro. A dinâmica da totalidade do espaço é fonte de criação de formas sociais ou de adaptações que se produzem nos contextos de redefinição das espacialidades. Os lugares que, por força de configurações geoestratégicas, passam à condição de espaços em redefinição ficam sujeitos, com maior intensidade, aos determinantes de mudanças na totalidade social. Na verdade, os lugares são afetados pelas novas situações econômicas resultantes das estratégias globais, afetando, igualmente, as relações sociais estabelecidas.

Formam-se, no encadeamento lógico, conjunturas de causa e efeito cujos impactos dependem da logística de cada lugar. O dimensionamento do lugar mercado é fundamental nas estratégias globais. A figura 3 mostra o sentido da dialética do lugar, a conexão entre o reordenamento, produção global, movimentação da produção e o mercado.

Figura 3
Desdobramento da dialética dos lugares em direção ao lugar mercado

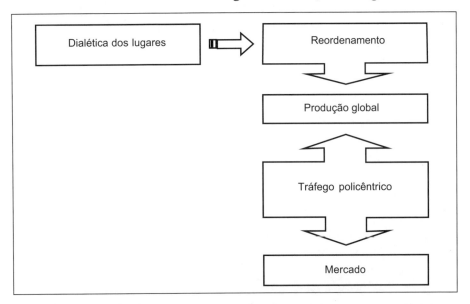

O sentido dialético está na redefinição do território, nas estratégias sobre ele aplicadas e na logística que os lugares de produção possam oferecer ao circuito global. Boisier (2005:48) considera, nessa visão, que "a globalização desencadeia múltiplas dialéticas". A descontinuidade dos lugares é compensada pelos mercados transregionais, pelos benefícios fiscais, pela desconcentração sindical, pela política de salários e pela convergência governamental.

A globalização da economia dimensionou o mercado em espaço mundial de consumo. Paradoxalmente, porém, tornou-se um espaço de produção dominado por poucos gigantes da economia global. Há um outro paradoxo a ser observado. As marcas se multiplicaram, as origens também, os preços se equivalem nos padrões de qualidade e a confiabilidade é sustentada pelo avanço tecnológico. No entanto, no reverso da dialética do mercado estão, dominantemente, na cadeia produtiva, e para uma imensa diversidade de produtos, poucos conglomerados econômicos. Caracteriza-se, assim, um amplo domínio do mercado mundial por poucas corporações transnacionais, embora com fragmentações em mercados nacionais, regionais e locais. No fundo está o espectro amplo da economia global, representada por poucas e poderosas estruturas organizacionais para gerar lucro, poder e influência de poder.

3

Modernidade global e ordem transterritorial

A sociedade que rompeu o terceiro milênio viu e sentiu a onda inovadora. Não, naturalmente, em sua totalidade, em vista das diferenças temporais do impulso civilizador, da maior ou menor capacidade de acompanhar o ritmo das transformações e da base cultural sobre a qual se alicerçam as sociedades instituídas. Há uma sociedade humana total e há sociedades nacionais diferenciadas em núcleos simbólicos. Tomada em sua totalidade, a sociedade humana é um engenho de criação, desenvolvimento, cultura, saber e arte. O estágio atual pode ser considerado uma etapa avançada de conhecimento, como, também, um tempo retardatário, freado pelas ideologias e teologias dominantes até seus esgotamentos.

As conquistas tecnológicas e científicas seguramente teriam atingido etapas mais avançadas sem os condicionamentos impostos por sectarismos prevalentes em largos períodos da evolução humana. A dura luta pela secularização das idéias permitiu uma posição de fronteira para o pensamento, consolidando a especulação científica e o poder de criação e renovação permanente da tecnologia. Saindo de posições absolutistas na condução da sociedade e da ciência, a capacidade humana viu-se, em dado momento, diante de um mundo de relatividades e de incertezas. No novo plano diante da especulação científica e das percepções de realidades mutantes, a sociedade começou a quebrar a inércia do desenvolvimento e, rapidamente, projetar o conhecimento à práxis da vida cotidiana.

A modernidade global não representa uma simples etapa da longa modernidade industrial. Não foi apenas um nó desamarrado, mas um golpe que a cortou, uma ruptura, uma clivagem que separou definitivamente duas épocas. Olhando pela perspectiva da totalidade, a civilização humana é um sucesso. As parcialidades, porém, revelam descompassos, dissonâncias, atrasos e brutalidades na mesma escala de grandeza. Contudo, o que prevalece no mundo global é o sucesso da civilização, atrás do qual se movem os deslocados históricos e os atuais dependentes da ordem internacional. A razão global não é de solidariedade, mas de negócios, acima de nacionalidades, de soberanias e de fronteiras.

A tecnologia facilitou a derrubada das barreiras nacionais, permitindo fluxos de relações e de poder pelas vias do ciberespaço-tempo. A ordem transnacional movimenta fisicamente os produtos da atividade econômica — realidade concreta — mas as relações de negócios, o poder, o jogo de interesses e as rotatividades especulativas ocupam o tempo-espaço virtual; é um mundo representado pelo imaginário de códigos, símbolos e fluxos.

A modernidade global é um cenário novo de transitividade eloqüente, e provavelmente assim se manterá por longo tempo. É o pós à modernidade anterior, fixando uma configuração de incertezas. A pós-modernidade — transposição de uma a outra modernidade — abriu, na verdade, um amplo leque de incertezas caracterizando, marcando fortemente, o avanço da sociedade para os próximos anos.

A transterritorialidade é um conceito novo, ainda indefinido e carregado de novas interpretações, análises e configurações tempo-espaço. As territorialidades marcaram profundamente as nacionalidades, mesmo em circunstâncias políticas inusitadas ou dependências econômicas. As tentativas de violação de territórios tidos como nacionais por agrupamentos étnicos resultaram, sempre, em conflitos intermináveis. Na Europa, no Oriente Médio e na África negra ainda persistem sangrentas disputas étnicas em torno de domínios territoriais. O território é a base física da nação, sua autolimitação onde se desenrolam os eventos simbólicos das sociedades nacionais. Nele estão assentadas a consciência nacional, a inspiração ao patriotismo e aos ideais nacionalistas. A ordem política e cultural em torno das territorialidades nacionais orientou o esforço pelo desenvolvimento, no qual não somente os indicadores econômicos tivessem importância, mas, igualmente, as condições de vida, as formas de ação e o comportamento do cidadão, a dignidade existencial e a cultura. A ordem política teria de ordenar a vida nacional, exercer o poder nacional e manter firme e indissociável a unidade Estado/sociedade. Ainda que as formas de governo, predominantemente, repúblicas, muitas vezes representassem formas de tirania sobre a nação, na verdade, o poder no âmbito político se voltava para dentro, para o mundo simbólico das nacionalidades. Erguer a grande nação representava o mote para o qual convergiam os esforços dos diversos segmentos da sociedade.

A territorialização da sociedade sintetiza as iniciativas individuais e coletivas de caráter econômico, social e cultural, projetando na consciência nacional os valores e signos identificados como instituições próprias. As relações políticas e econômicas internacionais para grande número de países significaram alinhamentos e dependências. As influências culturais externas, mais fortemente exercidas, vinham com o movimento migratório, um notável cenário de incorporação de costumes e comportamentos. Contudo, nada enfraquecia o sentido de territorialidade e dos comandos nacionais. As tecnologias, mesmo as importadas, eram representadas por objetos pesados e fixos, montados em grandes fábricas, o que levaria Bauman (2001:132) a falar em "modernidade pesada".

A expansão das grandes empresas em busca do domínio de mercados produziu, no século XX, o chamado imperialismo econômico. Empresas de grande porte deixaram suas territorialidades e se instalaram em pontos-chave dos espaços mundiais. Essa é a primeira fase de um processo econômico que se desdobraria em poder e influência de poder dentro das territorialidades nacionais. O aparato das tecnologias mecânicas, pesadas, configurou uma geoestratégia de fixidez, de longa duração, e de certa forma, incorporando a unidade multinacional à vida e aos hábitos de consumo de cada país. Numa segunda fase, as grandes empresas multinacionais passaram a atuar regionalmente, mas limitadas pelas regras impostas em cada território nacional. Após a II Guerra Mundial, em pleno domínio das empresas multinacionais em todos os continentes, germinam as sementes de nova dimensão tecnológica, cujo espectro delineava, fatalmente, uma ruptura de época tão marcante como o foi a do século XVIII com a introdução da máquina a vapor.

A partir de 1970, a microeletrônica revoluciona os meios e métodos de produção, circulação e informação. A era industrial, a modernidade pesada de Bauman ou para outros a modernidade industrial, começa a declinar. Inicia-se, principalmente, na década de 1990, um conjunto de profundas e rápidas transformações na sociedade. Do ponto de vista da primazia de produção, o tempo-espaço então configurado passou a ser conhecido como era pós-industrial; porém no conjunto de mudanças na sociedade e nas relações internacionais representou uma transposição de época.

Um novo tempo — da modernidade cibernética, do ciberespaço-tempo e suas cibervias, da primazia do conhecimento, dos novos valores, significâncias, signos e símbolos — domina as formas organizacionais, de gestão e os comportamentos. A materialização da vida na realidade física tem nova e forte concorrente: a realidade virtual. Na seqüência dos eventos entra em cena a multipolaridade produtiva, não na forma acabada, mas na de componentes que viajam pelo mundo em direção às montadoras. É a globalização da produção, a queda das barreiras nacionais, a desterritorialização dos espaços nacionais, as perdas de comandos internos estratégicos e, conseqüentemente, de parte das soberanias. Um altar-mor global se ergue sobre os escombros da antiga ordem industrial e da modernidade a ela intrínseca. A ordem transterritorial se impõe; os poderes globais se sobrepõem aos poderes nacionais. As atividades produtivas se processam em diversas espacialidades, tendo como característica marcante a especialização flexível.

A ordem econômica transterritorial vem sendo modelada em diferentes formatos geográficos. O multilateralismo econômico é uma conseqüência natural de interesses de produção-consumo regionais. Os blocos regionais se formam politicamente com a intenção de assegurar aos países-membros melhores condições de participação no comércio internacional. Nesse sentido há fortes articulações para a definição de geoestratégias para os espaços econômicos globais. Os territórios passam a ser objeto de estratégias globais em contexto de multipolaridade produtiva. As cadeias de produção se instalam em territorialidades nacionais, desterritorializadas na operacionalização dos fluxos de demandas e decisões. Como as unidades produtoras de componentes e as montadoras estão em espaços redefinidos — lugares globais — em várias partes do mundo, os fluxos físicos da produção se movimentam em teias de distribuição. Paralelamente ao movimento físico ocorre outra movimentação, a dos fluxos que comandam as relações de negócios pelas cibervias. A ordem econômica global configura, pois, um tempo-espaço de realidades físicas e virtuais; são realidades vinculadas, estreitamente, na cumplicidade dos interesses relevantes.

A transterritorialidade é uma ordem de seqüências econômicas produzidas na dinâmica global. A fragmentação da territorialidade total em lugares logísticos às estratégias de produção multidimensiona a ação e o poder em escala mundial. Os lugares de produção global interligam-se em redes físicas e informáticas, independente dos territórios nacionais onde se situam. Os governos nacionais, dentro da lógica dos investimentos externos, procuram oferecer facilidades à instalação de lugares globais e benefícios fiscais às iniciativas de produção. Nesse sentido, a natureza dos fluxos específicos de cada unidade de produção, independentemente da base física, deixa de ser nacional, assumindo um caráter transterritorial no sistema de complementação de componentes, montagens, insumos, matéria-prima e tecnologia.

Na ordem de seqüência dos eventos transterritoriais os espaços nacionais, e o que neles for produzido, entram rapidamente no tráfego global da economia. Tem-se, a partir dessa realidade, uma economia de complementações responsável pela grande movimentação internacional de bens de produção e de consumo. Uma conseqüência da intensificação do tráfego físico global se faz sentir na insuficiência dos meios de transporte marítimo, em processo de redimensionamento à nova realidade. Outra repercussão ocorre no incremento das exportações de países onde a inserção na economia global se deu com maior intensidade. Mas nesse caso, particularmente, ocorre, também, com maior intensidade, o paradoxo do crescimento. Indicadores econômicos favoráveis se contrapõem aos menos favoráveis na ordem social.

Uma característica marcante da ordem transterritorial está na flexibilidade sistêmica e nas estratégias específicas para determinadas situações. O tempo-espaço dos eventos econômicos está comprimido pela instantaneidade das tecnologias da informação. As relações que produzem fluxos de demandas e decisões não têm caráter de permanência por tempo médio ou longo. Tudo se desenrola em cenários de urgência, de rotatividade e por isso mesmo o sistema tem de ser flexível. Talvez aí se encontre o fundamento às incertezas que caracterizam a época atual. A idéia de futuro se associa à inovação, a novas tecnologias, a mudanças permanentes no modo de vida. O Estado-nação, de sua parte, não vive o projeto de desenvolvimento, mais demorado em relação ao de crescimento, mais imediato e oferecendo a sensação de sucesso à gestão de apoio em que se transformou o Estado-república. A transterritorialidade é uma idéia de flexibilidade territorial e de incerteza nos arranjos que orientam a ordem econômica. Não é, conceitualmente, um lugar fixo, do qual partem sempre e com a mesma intensidade fluxos de interesses empresariais. Esses se deslocam de um lugar a outro de acordo com o foco centrado na logística, capaz de sustentar por algum tempo as estratégias temporárias de ação.

A transterritorialidade das atividades econômicas incorpora as nacionalidades. O produto transterritorial traz a marca nacional, o que, do ponto de vista analítico, torna-o um objeto transnacional, pois, o trânsito global até a montagem final pode envolver várias nacionalidades. Na dimensão transnacional operam os investimentos produtivos, em territorialidades geoestratégicas. Se pensarmos em focos de atividades econômicas complementares em várias nacionalidades teremos, de um lado, a transnacionalidade dos focos e, de outro, a transterritorialidade de lugares nacionais onde se produz globalmente; são os lugares globais. A ordenação política internacional tende ao fortalecimento de blocos transnacionais nos quais se localizam territórios de produção, alguns delineando zoneamentos apropriados às atividades específicas, por exemplo, de alta tecnologia. No conjunto, as territorialidades de produção assumem caráter complementar às atividades econômicas globais. As relações de negócios, os fluxos cruzados de componentes e produtos acabados, o poder e as influências de poder identificam a ordem transterritorial que se movimenta independentemente de limites nacionais. Na verdade, o poder nacional passa a ser exercido de acordo com os interesses de uma ordem econômica que se coloca além do controle do Estado-nação.

Há uma razão global estabelecida pela visão da configuração tempo-espaço produtivo global, pelas estratégias de ação e pelas articulações das macrorregiões. A figura 4 ilustra as estratégias de ação global.

Figura 4
A razão global e suas principais áreas de domínio

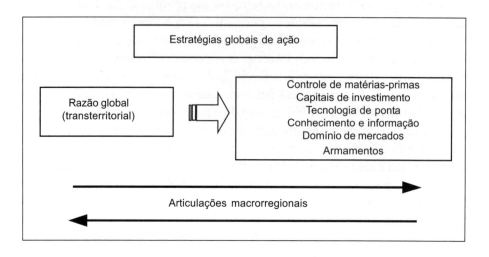

4

Teia global, interatividade e novos significados

A organização do espaço social, econômico e cultural evoluiu, desde os primórdios da civilização, em sistemas de relações pessoais, grupais e territoriais. Assim, as configurações espaciais foram construídas em cada processo civilizador, projetando inter-relações sociais que deram origem a sistemas localizados de atividades produtivas. O sistema espacial produtivo, com suporte numa estrutura físico-ambiental criou, durante as diversas etapas do desenvolvimento econômico, padrões de produção e, conseqüentemente, o estabelecimento de fluxos cruzados entre nós de uma estrutura sistêmica. Os fluxos que se produziram internamente no sistema espacial estabeleceram as redes de relações produtivas e de expansão demográfica, criando um campo de forças sociais capazes de produzir alargamento na dimensão espacial.

A direção dos fluxos, inter-relacionando a produção e o consumo, determinou, nas dimensões locais, regionais, nacionais e internacionais, a organização de sistemas de ligações convenientes. Esses sistemas de ligações sociais e econômicas configuraram as imagens espaciais das redes — enlaces de linhas e nós — e as relações de dependência que se estabeleceram entre produtores e consumidores, entre o econômico e o social, entre o político e o cultural. Um fato gerado numa dimensão territorial é repassado à outra, que produz um novo fato e retorna à dimensão anterior ou gera novas linhas de fluxos, formando uma imagem de rede.

As redes podem ser traçadas nos espaços da objetividade e da subjetividade. A natureza concreta das atividades humanas cria os espaços e as redes objetivas. A sociedade do conhecimento e da informação, os padrões de comportamento, as diversas hierarquizações de comandos e decisões, a interatividade virtual formam os espaços e as redes subjetivas. A alta tecnologia contraiu o tempo e o espaço; um segundo basta para reduzir as distâncias a pontos virtuais, tornando-as subjetividades lógicas. Nasce o ciberespaço e com ele as amplas e complexas teias das estruturas organizacionais.

A economia desenvolveu um diversificado sistema de redes que constitui a base do funcionamento do sistema produtivo e da própria organização da sociedade global. O homem é um ser produtivo, o que fundamenta a prática econômica e a organização do território. Produzir é ter o sentido do movimento, da fluidez, da troca e das relações que se criam e multiplicam. Desse complexo formam-se, como suporte à produção e à organização do território, as redes técnicas para a circulação e o consumo. Para Castells (1999:497) "redes constituem a nova morfologia social de nossas sociedades, e a difusão da lógica de redes modifica de forma substancial a operação e os resultados dos processos produtivos e de experiência, poder e cultura". O autor complementa: "embora a forma de organização social em redes tenha existido em outros tempos e espaços, o novo paradigma da tecnologia da informação fornece a base material para sua expansão penetrante em toda estrutura social".

O fundamento da rede é a interconexão nas relações de produção e consumo. O movimento, que se forma entre pontos nodais do sistema de produção global, representa fluxos de trocas em dimensões produtivas e de consumo diferenciadas. Assim, no tempo-espaço produtivo se desenvolvem forças cuja dinâmica se dirige para os centros nodais do sistema. Formaram-se sistemas interconectados de mútuo atendimento. Nos sistemas de colonização se formaram, de um lado, os núcleos urbanos concentrados e de outro a dispersão rural, ligada por fluxos de fornecimento de insumos e produtos. Os fluxos que se estabelecem no interior de cada sistema produtivo criam uma configuração de enlaces, responsáveis pelas relações de troca que direciona, pelo fortalecimento das forças produtivas e sociais, a evolução do arranjo espacial em formação, em expansão ou em redefinição.

A economia global desenvolveu um novo sistema de rede que, na verdade, significa a reorganização da sociedade com fundamento na economia informacional, o que exige rígidas vinculações entre os atores econômicos e institucionais. Há certos paradoxos que se levantam diante da nova ordem econômica. Se há uma dialética da abertura, da flexibilidade, da competição, há, também, pouco espaço para determinadas liberdades fora das redes estabelecidas. Por elas é que fluem material ou imaterialmente, utilizando códigos de comunicação compartilhados, os fluxos da vida econômica e, seqüencialmente, as relações de poder e o processo inovador das técnicas.

Essa profunda transformação no atual modo de produção global muda, igualmente, a noção de mercado. Na prática, e conceitualmente, o mercado deixa de ser o lugar de atração, regulação e dispersão de produtos e consumo, para tornar-se uma imagem abstrata do sistema de redes. O que se produz é para um consumo real e também para um consumo potencial a ser criado e estimulado pelo sistema produtivo por meio de intensa divulgação na sociedade consumidora. Trata-se de fator psicológico que orienta e conduz o modo consumista da sociedade. A intrincada rede de fusões, associações, consórcios e parcerias reduziu drasticamente as dimensões do mercado. O espaço de opções de consumo é uma disputa entre produtos muitas vezes de mesma origem. Também são estabelecidas áreas de domínio na distribuição de bens de consumo. Dessa forma se fortalece, pelas redes globais de produtos e serviços, uma nova modalidade, distorcida, da competição de mercado: a competitividade. Há duas percepções bem nítidas na economia global. A competição, que é sadia, aprimora e qualifica os produtos; a outra é a competitividade, produto menos nobre da globalização. A competitividade é destrutiva, é a guerra pelos melhores lugares, pelas melhores vantagens e por conquistas sem competidores. A competitividade é uma corruptela da competição; ela representa o poder de corromper, de dominar e de impor um estado de consumo antes do estado de produção. A competitividade produz o enfraquecimento dos valores morais e estimula a violência. Há uma subjetividade lógica na competitividade, uma real diminuição dos custos de produção e uma falsa vantagem na concorrência aos consumidores.

No âmbito da economia global há grandes formatos de redes: as redes espaciais de produção; as redes de montagens globais; as redes de distribuição globais; as redes financeiras globais; as redes de telecomunicações e a internet; e as redes globais do crime organizado.

As redes espaciais de produção fundamentam a noção de lugar global, como um espaço-mundo, sem barreiras nacionais, contemplado com generosos benefícios fiscais, financiamentos privilegiados, concessão de áreas infra-estruturadas e amplo suporte logístico. Essas redes de produção possuem várias tipologias. Pode ser um espaço portuário-retroportuário, como é o caso do sítio onde se localiza o Superporto do Rio Grande (RS) e a área contígua de unidades industriais, caracterizando um lugar global conjunto, ou pode se tratar de um formato mais complexo como uma região urbana formada por várias cidades principais, intermediárias e centros urbanos menores; nesse caso forma-se uma região global com um sistema próprio de redes internas conectadas às redes globais. Como exemplos se pode citar a Região Metropolitana de Porto Alegre, o ABC paulista e a Região Urbana de Pearl River, que tem como região central a conformação territorial centralizada em Guangzhou (China).

Muitas redes espaciais se formaram em contextos de regiões nacionais de bons níveis de exportação. Na nova ordem econômica internacional, as redes se ampliaram e passaram a formar vários pontos conectores da multipolaridade global, integrando-os parcial ou totalmente. Alguns espaços produtivos emergiram em áreas previamente selecionadas para a implantação de unidades estratégicas de produção, originando lugares globais. Os lugares globais se tornam, concretamente, pontos e nós das redes globais de produção. Esse espaço em rede para a produção global representa a "complexa estrutura de transformação das concepções e práticas espaciais e temporais" (Harvey, 1993:201). O autor refere-se às práticas espaciais que geram fluxos, transferências e interações no processo de produção e reprodução social. A economia passa a ser, portanto, o espaço para a movimentação de fluxos da produção, da circulação e do consumo globais.

O espaço de fluxos forma uma imagem de redes, nas quais se desdobram intensamente relações, comportamentos, hierarquias e poder. Esses espaços quando definidos por acordos multilaterais, formando blocos econômicos, criam novas linhas de fluxos e com elas a imagem de interconexão, de integração. O Mercado Comum do Cone Sul (Mercosul), o Acordo de Livre Comércio da América do Norte (Nafta), a Associação das Nações do Sudeste Asiático (Asean), a Cooperação Econômica para Ásia e Pacífico (Apec) e a União Européia representam complexos mecanismos de transferências e interações, multiplicando e integrando as redes regionais às redes globais. As redes econômicas que se estabeleceram com a globalização, impuseram inovações institucionais em cenários de relações políticas e culturais. A concepção política emergente da realidade instalada unifica uma base econômica em grande escala, que, associada à base política, cria uma identidade político-econômica, unindo, num sistema de enlaces, múltiplos interesses. A União Européia com sua imensa diversidade econômica, étnica e cultural é bem representativa.

A tendência que se projeta é para aprofundar as negociações entre os países que já integram blocos regionais, institucionalizando os acordos econômicos em bases políticas mais amplas. Os novos sistemas produtivos, políticos e de consumo não são, todavia, compartimentados. Abertos, permitem expansões e associações intra-regionais, como as linhas de interesses entre o Mercosul e o Bloco Andino, e em escala mais ampla, futuramente, com a Área de Livre Comércio das Américas (Alca). As grandes desigualdades econômicas, tecnológicas, sociais e culturais dificultam a unificação de interesses nacionais entre os países das Américas. A união econômica das Américas é uma possibilidade ainda distante, dada a disparidade de poder entre os EUA e os demais países, principalmente, os do bloco latino-americano. No continente africano já existe um tratado preliminar que cria a União Africana, assinado em Lomé (Togo) em 12 de julho de 2000. O novo organismo está voltado a um conjunto de parcerias regionais em áreas estratégicas de desenvolvimento, à instalação de um parlamento e um tribunal continental, a um fundo monetário africano, à eliminação de fronteiras e à criação de uma moeda única. Essa nova estrutura política de caráter continental substitui a Organização da Unidade Africana (OUA) criada em Addis Abeba (Etiópia) em 1963 e que teve um papel importante na luta contra a discriminação racial na África do Sul. Essa tendência à formação de blocos econômicos regionais ou continentais diversifica, aprofunda e torna mais complexa a estrutura em rede dos espaços econômicos e políticos.

As montadoras globais representam um formato produtivo ao qual se associam os chamados sistemistas, conjunto de fornecedores periféricos, conectados em rede. As grandes corporações automotivas oferecem um exemplo significativo. Espalhadas pelo mundo, as montadoras de automóveis e caminhões se tornam o centro de convergência de uma ampla e diversificada rede de componentes nacionais e globais. Na verdade, o funcionamento de uma montadora origina dois sistemas nodais: um de convergência e outro de irradiação. Fluxos de componentes, financeiros, de poder e de consumo consubstanciam as duas redes.

A mobilidade espacial é uma característica da economia global. A liberdade de trasladar-se para outros espaços faz parte do conjunto de estratégias das grandes empresas. Porter (1993:69) vincula a estratégia global com o lugar mais vantajoso: "um dos grandes benefícios desfrutados por uma empresa global é a capacidade de espalhar diferentes atividades entre países, de modo a refletir diferentes localizações preferidas". Afinal, a compressão do tempo e do espaço eliminou alguns inconvenientes das distâncias. As tecnologias que dão suporte à velocidade dos negócios se tornaram uma nova categoria de produto. Os fluxos de informação que asseguram a fluidez, a eficiência e a racionalidade dos negócios circulam pela imaterialidade do espaço cibernético, a gerar redes de sustentação à produção, à montagem, à circulação e ao consumo de mercadorias. As redes de montagem criaram sistemas locais de fornecimento de componentes e de prestação de serviço, representados por um conjunto de pequenas e médias empresas que se tornam satélites das grandes empresas.

Uma unidade de montagem de produtos industrializados, ao gerar sistemas e subsistemas de contratação, representa um efeito multiplicador nas cadeias produtivas. A tipologia fabril de um passado não muito distante já não existe mais; na verdade não existem mais projetos de fábricas, mas projetos de negócios, unidades estratégicas, em torno de um objeto prioritário de montagem. A General Motors criou um espaço integrado de montagem em Gravataí (RS). O sistema operacional é inovador, pois, em área de 386 hectares foi instalado um complexo automotivo (140 mil m^2 de área construída), unindo em redes de espaço e tempo, fornecedores e comprador, num verdadeiro condomínio industrial. Formou-se, assim, uma rede sistemista, cuja proximidade, a partir de um modelo matemático, garante rapidez, eficiência e baixos custos operacionais. Essa integração espacial, comprador/fornecedor segue o sistema *just-in-time* (entrega no horário solicitado), o que permite que os estoques atendam somente a produção diária. As informações entre comprador e fornecedores circulam rapidamente por um sistema informatizado, compondo, juntamente com a operacionalização de entrega, o tempo curto, não só entre a rede de fornecedores e a montadora como entre os constituintes das redes de cada sistemista ou entre eles próprios. Veículos especiais, elétricos ou a gás, operam a distribuição de componentes entre os sistemistas e o núcleo de montagem da unidade montadora. Um exército de robôs opera as principais tarefas de alta precisão, tanto na fabricação de componentes por parte dos sistemistas quanto na montagem do veículo.

Casarotto Filho e Pires (1999:28) lembram que a "terceirização, parceirização, subcontratação, facção e outras formas de repasse da produção criam as redes *topdown*, ou seja, em torno de uma montadora se sistematiza uma rede de fornecedores, todos, empresa-mãe e dependentes, competindo por liderança de custos". O autor lembra, ainda, outro tipo de rede de empresas, a chamada rede flexível, formada por pequenas empresas, em forma de consórcios, que podem alcançar participação competitiva no mercado global. A unidade de produção, independentemente da escala, será global sempre que se estabeleçam conexões entre países (Yip, 1996:1).

A produção associada pode ser representada, ainda, por estruturas cooperativas, um outro modelo de redes. Nesse complexo se formam, setorialmente, os sistemas integrados de produção, como o de automotores, das agroindústrias, da farmacoquímica, das cadeias de alimentos, das malharias, da petroquímica, das telecomunicações, e muitos outros. Um produto passa por vários trânsitos de composição e montagem até o objeto final de consumo.

A economia globalizada passa a ser, na verdade, um *mix* estratégico de montadoras para a produção de um objeto de consumo. As parcerias que se estabelecem entre as unidades montadoras e os fornecedores estimulam a produtividade a partir da pesquisa, via internet, dos melhores preços, das melhores condições ao atendimento das necessidades de insumos e componentes. A conectividade em escala global é facilitada pelos portais e sistemas de transmissão de dados, o que aumenta substancialmente a capacidade de utilização dos recursos disponibilizados pelas tecnologias da informação.

Além de proporcionar rapidez e maior produtividade nas diversas etapas do processo de montagem, o uso de tecnologias da informação pode garantir uma forma de inclusão social, a chamada inclusão digital. Essa afirmativa é válida não só para pessoas que procuram oportunidades no mercado de trabalho, como para empresas e até mesmo para países quando se trata de vantagens competitivas. Ou se é online ou se é offline, ou seja, se está incluído ou não. Os sistemas de transmissão de dados vêm ganhando mais confiabilidade com a adoção da certificação digital para operações no mercado financeiro, operações comerciais, rotinas acadêmicas e, praticamente, todas as formas de utilização da informação digital.

As redes de distribuição globais formam uma engrenagem diversificada, por vezes complexa e quase sempre representativa de estruturas nodais nos processos de encomenda e entrega de mercadorias. Presentemente, essas redes se dividem em duas grandes categorizações: as reais e as virtuais. As redes reais têm duas tipologias básicas: as redes comerciais de distribuição de produtos comprados diretamente das fábricas, e as redes de intermediação que distribuem produtos para os pontos-de-venda ou revenda. A escala global da distribuição pode polarizar áreas que se tornam lugares de alta rotatividade na distribuição e comercialização de produtos. Cidades fronteiriças, com áreas de livre-comércio, centros turísticos internacionais, as rotas do contrabando global constituem extensas redes de distribuição e comercialização de mercadorias. As redes virtuais ganharam força nos últimos anos, através das lojas da internet. Há uma tendência à multiplicação de lojas que operem apenas no sistema virtual. Por outro lado, grandes grupos econômicos estão criando megaportais para intensificar o sistema *business-to-business*. Participar de uma rede global de distribuição de produtos requer, principalmente para as pequenas e médias empresas, estratégias que muitas vezes não podem ser alcançadas isoladamente. As relações com os mercados são muitas vezes complexas e exigem conhecimentos especializados. Isso leva as empresas, pequenas e médias, principalmente, a formarem as cadeias de valores, em associações empresariais, formando-se "um consórcio de empresas que passará a gerir o processo relacional entre elas e o mercado" (Casarotto Filho e Pires, 1999:62). Os autores chamam a atenção para a responsividade, ou seja, a resposta rápida. Um exemplo de responsividade foi dado acima, no sistema integrado de compra e entrega no horário solicitado, entre a montadora de automóveis e os sistemistas. As respostas rápidas começam em ambientes de grande competição, tanto na produção quanto na distribuição dos produtos. Independentemente dos ambientes de negócios, as redes de produção e distribuição se integram de tal maneira que uma inclui a outra ao estabelecer-se, satisfatoriamente, a dinâmica econômica de respostas rápidas e eficientes.

As redes financeiras globais transportam pelo mundo, instantaneamente, os valores e significados da nova economia. A informação financeira, na variedade de sua aplicação, se desloca para todos os cantos do mundo em movimentos rápidos, caracterizando a economia de velocidade. O tempo é o instante da negociação, da aplicação, que pode representar ganhos ou perdas extraordinárias. A distância não conta mais, é vencida irremediavelmente pela instantaneidade da informação que produz relatos que por sua vez se movem em redes próprias de decisão. Uma das mais extraordinárias operações que circulam pelas redes financeiras globais tem caráter especulativo, movimentando diariamente nas bolsas de valores do mundo cifras vultosas. Com essa tecnologia da instantaneidade, recursos substanciais entram e saem das bolsas de valores, provocando, muitas vezes, profundas crises nos sistemas financeiros nacionais. O sistema financeiro que trabalha com um número elevado de agências dispõe na atualidade de redes integradas em multimídias, o que garante o desempenho de qualidade, o máximo de economia e ambientes unificados de ação.

As redes de telecomunicações e a internet estabeleceram os princípios da sociedade cibernética, conectada por meio da tecnologia, por onde fluem negócios, poder e influência de poder. O final do século XX e o início do século XXI mostraram um extraordinário trânsito tecnológico, no qual os avanços na microeletrônica, computação, telecomunicações e optoeletrônica se sucederam rapidamente, produzindo mudanças permanentes no âmbito das organizações, da produção e dos serviços. Praticamente nada é permanente no mundo da informatização e das fibras ópticas. Para Castells (1999:501) "o processo atual de transformação tecnológica expande-se exponencialmente em razão da capacidade de criar uma interface entre campos tecnológicos mediante uma linguagem digital comum na qual a informação é gerada, armazenada, recuperada, processada e transmitida". Tudo é digital no mundo tecnológico integrado, onde as relações por ações coordenadas formam a sofisticada base conectiva das redes de informatização e telecomunicações.

Nas revoluções tecnológicas anteriores os avanços não foram tão rápidos e nem disponibilizados para uso corrente tão imediatamente como na atual revolução informacional. Basta lembrar que o microcomputador foi criado em 1975 e começou a ser comercializado em 1977. O segundo passo importante para a rápida evolução da internet foi dado no final dos anos 1960 com a instalação, pela Agência de Projetos de Pesquisa Avançada do Departamento de Defesa dos EUA, de nova rede eletrônica de informação. Nos primeiros anos da década de 1970 a interconexão em rede tornaria a internet um novo e poderoso instrumento de comunicação, responsável por mudanças substanciais nas relações de defesa, negócios e comportamentos em todo o mundo. Os anos 1970 representam, portanto, o epicentro de ondas de inovação tecnológica em rápida seqüência, provocando mudanças permanentes nas sociedades mais evoluídas. Esse epicentro da microeletrônica foi exatamente o Vale do Silício no condado de Santa Clara, ao sul de São Francisco, na Califórnia, sob a inspiração e apoio da Universidade de Stanford. Mas antes dos anos 1970 pode-se considerar como marcos importantes na evolução tecnológica: a II Guerra Mundial e a Era Espacial. A máquina de guerra norte-americana precisava superar a alemã no aperfeiçoamento e na introdução de novas tecnologias, assim como na conquista do espaço era preciso suplantar a ex-URSS. A partir de 1960 os EUA passaram a investir pesadamente em ciência e tecnologia, o paradigma para a supremacia na corrida espacial, no poder militar e na dominação econômica.

A partir dos anos 1970, os espaços em ciência e tecnologia se ampliaram em várias universidades e centros especializados. Os vultosos investimentos norte-americanos no paradigma ciência e tecnologia responderam com a explosão dos novos conhecimentos tecnológicos, cuja seqüência se tornou permanente em curtas decorrências de tempo, particularmente, nas últimas três décadas do século XX. Em outros países formaram-se as tecnópoles (China, Japão, Alemanha, Inglaterra, França e outras de menor investimento) responsáveis pela ampliação do conhecimento científico e tecnológico. No Brasil a Universidade de Campinas (Unicamp) tornou-se um centro especializado no desenvolvimento de fibras ópticas que têm sido largamente utilizadas na transmissão de energia elétrica, numa extensão de mais de 70 mil km em território brasileiro. Também na área de telefonia e informática o Brasil faz investimentos substanciais, garantindo o novo modelo de infovias por meio do ciberespaço-tempo. A utilização dos cabos de fibra óptica garante maior eficiência e menor custo operacional. As redes de fibra óptica serão estendidas do Brasil para a Argentina e Chile, chegando aos EUA via oceano Pacífico. As redes de fibra óptica facilitarão a formação dos chamados *data centers*, cuja função será de armazenar informações para usuários, liberando a formação de arquivos nas empresas e instituições. As redes de telecomunicações e a internet são os signos maiores da era da informação. As tecnologias eletrônicas informacionais condicionaram outras tecnologias, organizacionais e de gerenciamento, mudando radicalmente o perfil das empresas e instituições públicas (mais lentas) e privadas. Presentemente, há os portais corporativos, representativos da revolução na gestão da informação e do conhecimento, e o sistema de banda larga que permite ampla convergência no contexto de redes, garantindo uma conectividade segura, aumento da disponibilidade, da velocidade e de maior segurança.

As redes globais do crime organizado formam uma ampla zona cinzenta no contraponto à sociedade legal. Há, verdadeiramente, uma realidade dicotômica no processo de globalização econômica. A globalização da economia amparada em códigos, normas e acordos juridicamente estabelecidos e a globalização à margem da lei, o contrapoder do crime como forma de garantir a gigantesca rede de negócios ilícitos. O vulto dos negócios ilegais é de tal ordem, tanto em termos de diversificação de atividades, quanto em relação aos valores envolvidos, que levou a ONU a realizar a Conferência sobre o Crime Organizado em 1994. Os informes saídos dessa conferência são alarmantes, pois mostram um cenário de degradação da sociedade organizada, com o crime se tornando uma prática corrente nas estruturas do poder político, econômico e financeiro, além de criar uma contracultura de organização e estratégias das práticas ilegais.

As mais importantes organizações criminosas do mundo estavam delimitadas em fronteiras nacionais dos países capitalistas até o desmoronamento do império soviético. As máfias norte-americana, italiana, japonesa, chinesa (Hong Kong e Taiwan) e o cartel colombiano atuavam em contextos nacionais e regionais, principalmente, embora com conexões de tráfico em várias modalidades. A globalização do crime organizado e conectado, desenvolvendo estratégias de ação e cooperação em todos os países, se incorporou, no reverso, ao processo de globalização da economia. A partir de 1991, com o fim da bipolaridade ideológica, aproveitando-se do caos econômico dos países do antigo bloco soviético e da Rússia em particular, o crime organizado se expandiu para o Leste europeu. A transição do comunismo para o capitalismo abriu um vasto campo de ação às organizações criminosas, produzindo novas associações mafiosas, conectadas às redes lícitas internacionais. O crime organizado global tornou-se um gigantesco fenômeno de caráter delituoso, operacionalizado segundo estratégias em rede, cujas dimensões em valores e atividades comprometem a segurança de países e da sociedade como um todo. A conferência da ONU sobre o crime organizado global revelou a diversidade de ações das máfias organizadas: tráfico de drogas, de armas, de órgãos humanos, de mulheres e crianças, movimentação de imigrantes ilegais, contrabando de material radioativo, prostituição, jogos de azar, seqüestros, terrorismo, agiotagem, extorsões, falsificações, assassinatos, comércio de objetos roubados, venda de informações confidenciais, esquemas de corrupção, manipulações financeiras e lavagem de dinheiro, entre outras ações. Segundo estimativas da ONU o crime organizado global lucra cerca de US$ 750 bilhões anuais, cifra maior que o PIB de muitos países periféricos. Parte desse vultoso lucro vai para os negócios legais, ou seja, são recursos gerados na economia do crime e reinvestidos na economia legal. Segundo Castells (1999:215),

> todo sistema criminoso só faz sentido, do ponto de vista empresarial, se os lucros gerados puderem ser aplicados e reinvestidos na economia legal. Isso vem se tornando cada vez mais complicado, dado o espantoso volume de capital representado por esses lucros. Por esse motivo, a lavagem de dinheiro é a grande matriz do crime global e seu elo mais direto com o capitalismo global.

Talvez isso explique de alguma forma a dificuldade de combate ao crime organizado, pois, não raro, muitos países dependem dos investimentos oriundos da lavagem do dinheiro sujo em bolsas, processos de privatização e outras modalidades de sustentação financeira dentro dos padrões capitalistas globais.

O crime organizado, unindo em rede os interesses das diversas máfias nacionais e regionais, tornou-se uma dinâmica e complexa estrutura financeira global, caracterizando-se pela diversidade, amplitude, adaptação ao ambiente e se reestruturando de acordo com a evolução das técnicas. O poder que emana das entranhas do crime organizado global está fora de controle: poder de expansão sobre os espaços disponibilizados pela abertura econômica; poder de ativar suas ações criminosas junto às comunidades; e poder de ampliar os tráficos de influência e corrupção no âmbito dos poderes públicos. Fica, dessa forma, extremamente difícil estabelecer os limites entre atividades da economia legal e da economia do crime.

O giro de milhões de dólares/dia em aplicações meramente especulativas e a lavagem de somas vultosas de dinheiro sujo em negócios amparados legalmente é o contraponto ao crescimento da fome, da miséria e da pobreza pelo mundo; é o capitalismo cinzento, fora e dentro da lei ao mesmo tempo, sem compromisso com a sociedade organizada. As sociedades nacionais ficaram, após o vendaval da globalização, vulneráveis à ação do crime organizado. A democracia por seu turno também se enfraquece, tornando-se um instrumento adequado à expansão do crime organizado. O contrapoder do crime organizado se infiltra e corrompe os poderes instituídos; é como uma entropia sistêmica, provocando a erosão na dimensão ética da política e o implacável desgaste moral das instituições públicas, particularmente.

As chamadas economias emergentes dependem fundamentalmente do aporte de recursos externos, sob a forma de investimentos nas bolsas de valores, investimentos na dívida e na transferência de ativos dentro do processo de privatização das empresas públicas. A política de abertura foi estimulada por organismos e investidores externos, aumentando o nível de endividamento das economias nacionais periféricas. As duas dimensões da economia global — economia legal e economia do crime — podem se confundir, proteger e agir de acordo com um padrão de amoralismo econômico. A estabilidade das economias assim sustentadas é extremamente precária, podendo sofrer oscilações bruscas de acordo com os interesses dos investidores externos. Para obter maiores vantagens fiscais nos países enfraquecidos pela dependência de entrada de recursos externos via bolsas de valores ou compra de ativos produtivos (empresas) ou financeiros (bancos), o crime organizado global estabelece estratégias de chantagem, provocando, inclusive, crises no sistema financeiro, o que leva, invariavelmente, os países atingidos a cederem em benefícios fiscais. O crime organizado transnacional é uma dura realidade global. Está presente em todos os segmentos da vida social, com um poder de organização difícil de combater porque os interesses em jogo permeiam vínculos cada vez mais estreitos com a sociedade formal. No Brasil têm sido denunciadas as máfias que operam a lavagem de dinheiro e remessas ilegais em dólares para o exterior, o tráfico de drogas e a corrupção política.

A teia global configura uma interatividade sistêmica, projetando novos significados. Se a modernidade é global e cibernética o é conseqüentemente interativa e portadora dos significados, símbolos e signos correspondentes. Gradativamente, passa-se de uma sociedade simbólica nacional a uma sociedade simbólica transterritorial. Mas deve-se considerar que a sociedade nacional ainda mantém uma interatividade na identidade de símbolos, em cuja organização se realça o poder patriótico, a unidade institucional do poder, a história e as tradições. A sociedade simbólica transterritorial é uma miragem de formas subjetivas que tocam a consciência coletiva, sem, contudo, despertar os mesmos sentimentos caracterizadores das nacionalidades. Tudo gira em torno de razões transitórias, se há, efetivamente, alguma razão. Vive-se muito mais a razão externa do que a interna, talvez por essa não oferecer as perspectivas e os encantamentos, ainda que passageiros, do mundo global. A consciência coletiva individualizada move-se pelo sopro dos ventos de ilogismos muitas vezes exóticos. Basta ser diferente para a ânsia coletiva incorporar e desincorporar, tão rapidamente quanto possível, a simbologia da sociedade global e transitiva. Os valores permanentes, as interatividades de longo prazo, a significância dos signos se alteram em curto tempo, e passam da dimensão interna à externa sem compromissos. Os poderes instituídos nacionalmente sofrem a erosão legal da ação dos agentes que modelam as novas realidades. Nada mais se mantém como pétreo, não-retroativo, incluindo a ordem jurídica, que pode ser descontinuada, não por momentos de modernização, mas por soluções de caráter jurídico-político.

Na arquitetura do universo tudo muda: o estado físico, a velocidade, as singularidades, o poder de radiação; tudo se transforma, evolui, nasce e renasce. Mas o tempo flui sempre num mesmo sentido, independentemente da direção no espaço. O tempo não é retroativo, embora o espaço possa sê-lo no sentido de expansão e contração. O tempo pode mudar de perspectiva para o observador em um ponto aleatório no universo. Ele olha para o cenário cósmico à sua frente e se o olhar seguir em direção às projeções luminosas, como uma nave espacial voando à velocidade da luz, irá sofrer o paradoxo do tempo. Sai em direção ao passado e mesmo que altere a direção, o sentido do tempo será sempre o mesmo até o momento em que se aproximará do presente e do futuro. À medida que se aproxima dos objetos cósmicos notará mudanças estruturais, pois estará cada vez mais próximo do tempo da luz; o passado torna-se presente e futuro na concomitância do real e do virtual. O tempo não mudou de sentido, apenas de perspectiva para o observador cujo olhar saiu de uma realidade cósmica observável que não mais existia em seu ponto de origem — passado — para outra — presente — e de transformações permanentes — futuro.

A mudança na sociedade precisa ter esse sentido do tempo. Para a frente, saindo do passado para o futuro, construindo o presente moderno com as transições de novas modernidades ditadas por novas formas de convívio social. Tudo que retroage é uma perda, uma lesão individual e coletiva. Assim, nas guerras, um arcaico simbólico de retrocesso na atual fase de desenvolvimento da sociedade total. A guerra é uma lesão irreparável de caráter individual para os que nela deixam a vida e um mergulho coletivo na insegurança e incerteza. A ordem jurídica simboliza na sociedade, quando resguardada, a segurança, a irretroatividade dos dispositivos legais contra as formas de autoritarismo e prevalências de pensamento. A máxima fascista de poder total do Estado, tudo dentro do Estado e nada fora do Estado parecia sepultada nos escombros da II Guerra Mundial. Contudo, reaparece como símbolo de poder na dissociação do Estado com a nação, avançando contra a sociedade como se ela fosse um ente marginal à institucionalização e ao poder do Estado. O retrocesso nas crenças e práticas da fé, dominadas pela interatividade da práxis de submissão das consciências à falsidade dos significados, identifica-se, corporifica-se e materializa-se de forma ultrajante na decadência cultural e educacional.

A principal forma de interatividade contemporânea é a que se impõe pelas relações econômicas transterritoriais. As linhas de dependência entre os centros e as sedes das atividades econômicas são de tal importância à implementação de estratégias de negócios, que só a nova realidade do ciberespaço-tempo pode torná-las efetivamente interativas. Forma-se uma cadeia conectiva de demandas e decisões a ligar os atores envolvidos; todos se voltam, mutuamente, às metas e aos objetivos estabelecidos. É um mundo de forças cujo equilíbrio depende da observância de regulação própria, intransferível, impostergável, fria e não-solidária. Um evento novo pode afetar o sistema, desequilibrá-lo e provocar perdas. É preciso absorver tendências que ameacem o sistema, convertê-las, incorporá-las e dirigi-las, evitando riscos às subjetividades básicas de credibilidade e segurança.

A interatividade sistêmica e seus significados, explícitos ou não, representam um poder de dominação sem limites, estendendo-se sobre Estados-nações, estruturas institucionais e consciências políticas. Um poder simplesmente presente, invocado, corretamente ou não, mas funcionando como antídoto a qualquer tentativa de contraposição. A emasculação de significados contrastante é logo tentada por artifícios dialéticos ou imposições legais. O Estado, auto-suficiente em suas prerrogativas e mesmo nas que não lhe são outorgadas, gerencia e oferece garantias à interatividade dos interesses globais. Isso significa, por outro ângulo, a quebra da interatividade entre o Estado e a nação. O Estado se fortalece em suas novas funções e a nação se enfraquece em seus liames internos, perde impulso e se desassocia nas desigualdades e no individualismo.

A sociedade global é interativa. A atualidade cibernética garante a interatividade do sistema de produção, geração de riqueza e cultura. A produção é de alta eficiência pelo uso de tecnologias de ponta, pelo avanço do conhecimento e pela instantaneidade das informações; a riqueza é gerada e concentrada com a redução do emprego e da renda. Ao contrário da riqueza que interage pelos avanços da tecnologia e do saber, a pobreza interage apenas em fragmentações, nas favelas, nos cortiços, nos espaços imundos e doentios da civilização. Há interatividade e significados negativos nas redes do crime organizado, nas farsas políticas, nos preconceitos e na própria democracia. A democracia liberal não é um passaporte a um mundo melhor. Ela representa, no âmbito dos poderes que se manifestam na ordem global, supremacias de vontades cada vez mais distantes daquelas formadoras do corpo social. São vontades dos poderes transterritoriais às quais, sem maiores questionamentos, a sociedade se submete e paga o preço.

O estranho, na teia das interatividades e dos significados, é que o sujeito não é nem individual nem coletivo. É um ser perdido em suas ligações mais afetivas e efetivas, esforçando-se ao limite para manter um espaço de sobrevivência. O sujeito vive a solidão social no emaranhado de teias que o prendem ao sistema, aos condicionamentos reais e à subjetividade dos símbolos e dos significados. A sociedade simbólica, o poder simbólico, o sujeito simbólico; um mundo de simbologias degradadas, desconectadas, regido pela transitoriedade das formas, das expressões, da arte e da cultura. Mas, sobretudo, é proeminente o significado simbólico da nova ordem, da realidade que se impõe, sem raízes, sem permanência, sendo uma atualidade de tempo transitivo.

A transterritorialidade simbólica não tem lugar definido; move-se no mundo físico e no virtual, onde o sujeito já não é o principal agente da mudança. Quem transforma é um ente abstrato, a tecnologia, presencial nas duas realidades, a física, num realismo concreto de inusitada miniaturização, e a virtual do ciberespaço-tempo. Atrás, em posição subjacente está o sujeito, ainda que detentor do conhecimento, preso, irremediavelmente, à condição de elemento do sistema, peça do conjunto da engrenagem econômica e dos arranjos sociais. Pouco, muito pouco o individualiza, e muito menos o coletiviza. É o sistema, invisível, mas presente, sentido, mas não tangível. O sistema induz, comanda, irradia poder, mas não é observável, apenas sentido. O sujeito precisa adequar-se, ser parte da sociedade simbólica, ainda que essa o despreze e não raro o exclua. Se a sociedade é ordenada para todos e a democracia é para servir a todos, em liberdade e segurança há, efetivamente, algo de errado na prática conceitual. As profundas desigualdades, a violência, a abjeta condição de vida de um terço da humanidade não condizem com o conceito de sociedade justa e democracia participativa. Mas combina com a sociedade global, com sua riqueza, poder e exclusão; a democracia é a liberal-econômica, com a tirania do mercado e das supremacias dominantes.

As estruturas comunitárias e as iniciativas solidárias pouco representam como práticas de vida de longa duração. As relações comunitárias e com elas a solidariedade perdem a espontaneidade, o rito do permanente, o prazer da ação coletiva. O que predomina nas comunidades habitacionais, profissionais e outras é o sentido do sujeito só, como um solista no coletivo orquestral. Ele depende da comunidade, mas nela é um componente, uma parte de sintonia cujos laços são passageiros, frágeis e por vezes egoísticos. Nada o une a nada, ele transita pelos símbolos que pouco significado a ele oferecem e que não são dele, da nacionalidade da qual ele é produto. Os novos costumes, os signos vivenciados, as tecnologias, o conhecimento, a informação parecem vir de lugares imprecisos, de realidades distantes, mas que se tornam o seu cotidiano. Suas ligações mais próximas enfraquecem; na verdade, o sujeito pós-moderno é um ente deslocado de alguma coisa, absorvido permanentemente por padrões comportamentais mutantes, seguindo sempre as novas regras, as novas tecnologias, as novas exigências do ordenamento econômico. As proximidades maiores estão no mundo virtual, no ciberespaço-tempo onde as relações e os sentimentos estão mais presentes. Não na realidade física, praticamente dispensável ou eventual, mas na comunicação, no contato virtual e na linguagem dos códigos cibernéticos.

O sujeito é e não é interativo. Por contingência existencial vê-se obrigado a participar da sociedade interativa, de onde retira os princípios vitais à sua sobrevivência. Mas não é interativo na sua individualidade, nas respostas que dá a si próprio, a seu mundo particular. Como autodefesa às agressões que sofre do Estado e da sociedade, resguarda-se, protege-se à sua maneira e resiste ao limite à absorção ideológica, à padronização, ao alinhamento lógico. Forma-se na consciência do sujeito global a dualidade do comportamento. Precisa adequar-se e o faz por necessidade de sobrevivência; é o seu mundo exterior, com seus estereótipos, nada em conformidade com o outro mundo que o anima, povoado de idéias e desejos que ficam retidos nos recantos de sua interioridade. Ele, o sujeito global, vivencia a interatividade e os significados da nova realidade, mas vinga-se povoando sua mente com a majestade da sociedade simbólica que ele considera justa e solidária.

A figura 5 ilustra a interatividade sistêmica e os significados na ordem econômica e a questão do sujeito multicultural, deslocado de alguma identidade própria, mas conservando símbolos nacionais.

Figura 5
A interatividade sistêmica e os ambientes geoestratégicos

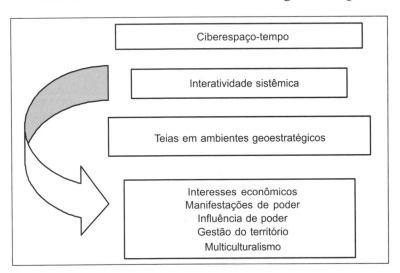

Parte II

Geoestratégia global

A multipolaridade produtiva e o tráfego policêntrico redimensionam a espacialização das ações produtivas. Produz-se um espaço econômico transterritorial, ao qual se incorporam significados quanto à redistribuição e concentração de recursos e poderes. Multipolaridade e tráfego policêntrico produzem impactos transterritoriais sobre as territorialidades nacionais. Há uma nova configuração da relação nacional/global que produz novas formas institucionais. As estratégias globais se materializam nos lugares globais sob acordos institucionais, desterritorializando o poder e a gestão nos territórios.

5

Multipolaridade produtiva

A organização e a redefinição dos territórios passaram a obedecer à lógica global, que envolve não só o formato da economia como das decisões políticas que sustentam a concepção de uso e apropriação do território. Evoluiu, nas últimas décadas, final do século XX, a idéia da multifuncionalidade espacial, caracterizando um novo dimensionamento econômico, político e social para áreas antes enquadradas dentro do regionalismo clássico. Essa nova tendência pressupôs a redefinição dos territórios para atender as postulações da economia global, tanto na definição de áreas locais, como regionais e, particularmente, da configuração de tempo-espaço geoestratégico.

O ideário global à expansão e à formação de espaços produtivos e produtivos circulatórios mudou completamente a base operacional no processo de instalação territorial das grandes corporações multinacionais. O que passou a ser fundamental é a relação entre os espaços produtivo, circulatório e de consumo, o que na verdade conceitua o tempo-espaço geoestratégico. A geoestratégia dos espaços econômicos configura uma ação espaço-temporal que transcende a idéia dos espaços compartimentados, tanto do ponto de vista local, regional ou, no conjunto, nacional. A nova configuração é a dos espaços abertos, transnacionais, objetos de rápida e eficiente ação econômica, liberados pela prática política. É a nova modernidade territorial, com seus formatos de organização e redefinição espacial, atendendo as imposições da formação de sedes econômicas, com suporte na dialética da globalização.

A atual modernidade territorial e a conseqüente multifuncionalidade dos espaços incorporam mudanças significativas de ordem política, pois dela deriva a ação de descentralização, modernização do Estado e das formas de gestão dos territórios. Estão em jogo nessa profunda reestruturação do espaço mundial questões altamente complexas como a preservação e integridade funcional dos Estados-nações, a formação e evolução dos Estados-regiões, as zonas e as regiões transnacionais como estruturas econômicas suficientemente fortes para exercer poderosa influência na gestão dos territórios. Do ponto de vista econômico, determinados espaços produtivos passam a formar Estados-regiões, embora do ponto de vista político, da cidadania, dos recursos naturais e dos símbolos nacionais continuem como Estados-nações.

As relações que emergem dessa configuração institucional formalizada por decisões políticas internas, quando se tratar de espaços nacionais, e por acordos multilaterais quando da integração de regiões multinacionais, desencadeiam forças de poder no cenário mundial. Há um fórum político internacional formado pelos Estados-nações: a Organização das Nações Unidas (ONU), com segmentos em várias áreas de atividades. Mas os grandes organismos do poder econômico global são: o G-7 (grupo dos países mais industrializados e a Rússia); a Organização dos Países Produtores de Petróleo (Opep); a Asean; o Nafta; a UE e a Apec. O Mercosul é um bloco constituído politicamente, mas ainda sem a consolidação econômica capaz de torná-lo um fórum de decisões e poder. A Alca, em gestação, será, quando implementada, um poderoso e amplo bloco econômico, com extraordinário poder econômico, político e militar.

A unipolaridade político-ideológica que domina o mundo atual agrega uma variável econômica multipolar. Para Boisier (1996:16),

> a multipolaridade econômica é expressa em três vértices do comércio internacional: a Comunidade Européia e os círculos concêntricos em torno dela; o mercado unificado do Canadá, EUA e México, com seus correspondentes círculos concêntricos (acordos bilaterais e sub-regionais de integração); os acordos no Sudeste asiático entre Japão, a Asean e a Apec. Esses três vértices são subprodutos de um fenômeno mais abrangente: a globalização da economia internacional.

A multipolaridade econômica é o resultado das tendências descentralizadoras baseadas em alta tecnologia, na reestruturação do Estado, nos processos de privatização e na desregulamentação. O território organizado passa a ter funcionalidade em relação à ordem econômica global. O território, constituído pela integração regional e formado por poderosas aglomerações estratégicas de produção, é fundamentado no dinamismo econômico, passando a condicionar a vida política e social. A região econômica desempenha o principal papel nos negócios internacionais, distanciando-se e transpondo os antigos limites da clássica região geográfica. A região é, atualmente, na expressão de Boisier (1996), uma estrutura complexa e interativa, uma e múltipla simultaneamente, superando a noção de contigüidade.

Na complexa e interativa estrutura das regiões econômicas se identificam e definem as categorias para os lugares. A organização e a redefinição dos territórios podem ser demonstradas pelas virtualidades estratégicas locacionais e pelos elementos da logística do espaço. O processo de integração espaço-temporal — geoestratégia dos espaços econômicos — é um dos pressupostos da presente ordem internacional, introduzida e instituída a partir do conceito de globalização. A integração espacial, estabelecida, conceitualmente, abre caminho às estratégias globais das grandes corporações multinacionais. O espaço de produção e circulação não mais é local, dimensionado numa rede de fluxos regionais/nacionais, mas um lugar global, inserido na rede global da economia.

A economia global, possível após a queda das barreiras espaciais, ou seja, com a abertura da economia dos países da periferia sistêmica não só para os fluxos de entrada e saída como, principalmente, para a livre produção e circulação de bens sob as regras de mercado, condicionou um programa de reformas institucionais de longo alcance. Essas seguiram algumas iniciativas destacadas pelo Instituto Europeu de Administração Pública, Maastricht (Les Metcalfe apud Kliksberg, 1996:235) como: "a descentralização, a privatização, a outorga de contratos e a criação de organismos destinados a levar a cabo tarefas específicas".

As reformas estratégicas no âmbito da administração pública visam atender o modelo proposto por organismos como o Banco Mundial e o Fundo Monetário Internacional. Analisando as tendências e formas de integração na atualidade, Almada (apud Kliksberg, 1996:255) conclui:

> assim, a globalização e a criação de zonas regionais de comércio em algumas partes do mundo são fenômenos que se encontram intimamente ligados. Os dois processos podem se ampliar através de um mundo mais livre para a circulação de bens, serviços e insumos, e de componentes. Isso explica o fato de que o liberalismo seja cada vez mais uma ideologia predominante.

O mundo mais livre a que se refere o autor é o dos lugares globais. A eles estão conectadas as redes; as grandes teias de produção, circulação, serviços e insumos. Os lugares globais, como produto de estratégias mundiais, começam a se definir quando "determinadas atividades na cadeia de valores devem ser dispersas pelos países que oferecem vantagens" (Porter, 1993:681). Nesse caso a localização assume uma importância decisiva. Por outro lado deve-se destacar o papel da concentração geográfica em lugares e regiões. Isso ocorre, por exemplo, com as estratégias automotivas em Rosário, Córdoba e Pacheco na Argentina, e as estratégias automotivas de montagem e componentes nas regiões Sul e Sudeste do Brasil. Há, portanto, concentração regional-nacional e macrorregional, conectando um amplo sistema intermodal de transporte e um mercado consumidor substancial (200 milhões de habitantes), em área de integração econômica.

No cenário econômico global a gestão do território configura um contexto administrativo complexo, principalmente em espaços de redefinição geoestratégica por interesses identificados com o processo de globalização. No caso emerge, no lugar global, a forte influência do poder econômico sobre a gestão do território. É natural considerar que a presença de vultosos capitais nos lugares globais irá, forçosamente, desencadear formas de influência direta e indireta nas manifestações de poder na área. Há, portanto, como premissa, a constatação de realidade insurgente na base econômica dos espaços econômicos, concretizada com a passagem do modelo de gestão local para o modelo de gestão global. Tem-se, assim, um agente de ruptura de poder no cenário estratégico produtivo dos lugares.

O agente de mudança é o capital externo, representado por consórcios de gestão operacional em unidades de produção multinacionais. O capital externo, sob a forma de arrendamentos, aquisição de controles acionários, de parcerias e de investimentos na ampliação e eficiência operacional, produz, evidentemente, formas de poder e influência de poder sobre os poderes historicamente instalados. Para Vieira (1997:8) o "poder envolve controle, uma vez que é comumente definido como o potencial de uma unidade social de determinar o comportamento de outra". Assim, ao assumir o controle das unidades econômicas na área, o capital externo, por meio de seus agentes econômicos, passa a liberar seu potencial de poder e influência de poder sobre o comportamento das demais unidades sociais, públicas e privadas.

A concentração de capitais externos com seus interesses na disputa de mercados agregou, como conseqüência do poder que dela emana, influências no processo de tomada de decisões na dimensão dos poderes públicos. As formas de apropriação e de gestão dos espaços produtivos e produtivos circulatórios fundamentam as relações de poder. As grandes corporações, consórcios e empresas multinacionais, integradas em cadeias produtivas, se apropriam do espaço e sobre ele passam a exercer poder e influência de poder. O poder emerge das novas relações que são produtos de estratégias de ação em cenários diferenciados. Em todo espaço produtivo sempre se instalam formas de poder e de influências de poder. Assim, um complexo de relações se estabelece em território sob redefinição. O território para Foucault (1996:157) "é sem dúvida uma noção geográfica, mas é antes de tudo uma noção jurídica e política: aquilo que é controlado por um tipo de poder".

A gestão do território tem um caráter basicamente estratégico para o desenvolvimento de atividades econômicas, o que gera relações políticas e de poder. Há, portanto, uma realidade marcada pela redefinição econômica do território, pelas formas de gestão e, conseqüentemente, pela emergência de poder na temporalidade dos eventos.

Os lugares locais, globais e regionais (quaisquer que sejam suas dimensões) representam sempre os nós dos sistemas de fluxos e de influências de poder. A escala de fluxos dimensiona o poder sobre o território. O lugar local, produto da evolução histórica, mantém o sistema de fluxos dentro do sistema produtivo de origem, com amplitude limitada, regional-nacional. Quando se trata de um lugar local com funcionalidade portuária, por exemplo, pode representar dois níveis: um como centro nodal de concentração e dispersão produtiva e produtiva circulatória; o outro com funcionalidade apenas circulatória, se constituindo em espaço de trânsito exportador.

O lugar global é um espaço construído para a economia global ou um território local em redefinição, transformado em espaço econômico à inserção global. O lugar regional é um território que se diferencia em duas grandes dimensões: a regional-nacional, cujas principais tipologias são os distritos industriais, a região urbana, tecnópoles, zonas econômicas especiais e áreas de livre-comércio; a região transnacional que é um território formado por vários países se-

Figura 6
Multipolaridade produtiva e as relações conexas básicas à instalação de unidades estratégicas de produção global

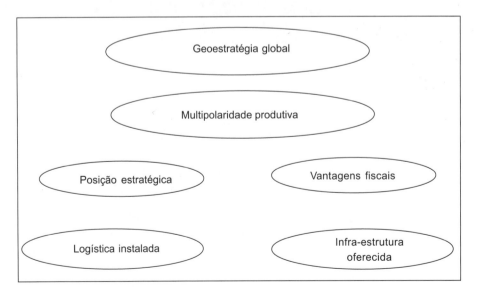

guindo tipologias diferenciadas. Entre elas os mercados comuns regionais, integrando ampla área latitudinal, Mercosul e o Nafta. Destaque maior para as uniões de países em blocos econômicos institucionais como a União Européia e a Comunidade dos Estados Independentes (CEI; Rússia e mais 12 países); ou unindo interesses recíprocos de vários países e blocos continentais como a Asean, a Apec e o Bloco Andino.

Essas formas espaciais permeiam o caminho a acordos mais amplos, dentro da lógica de reorganização do espaço econômico mundial. Um exemplo será a instituição da Alca, integrando todo o continente americano, do ártico ao antártico. A União Européia vem sendo a primeira experiência de integração multinacional. As novas formas de organização e reorganização dos espaços produtivos interpõem interesses econômicos, com ampla sustentação política e militar. Em cada forma espacial que evolui, o poder e a influência de poder se manifestam em dimensões que correspondem à densidade econômica da conformação dos lugares de fluxos. A figura 6 mostra a geoestratégia global e os pressupostos da mutipolaridade produtiva.

6

Caracterização e reordenamento dos lugares

A organização e a distribuição dos espaços industriais seguiram, historicamente, um zoneamento urbano. Nas grandes cidades o processo industrial se desenvolveu no interior do núcleo urbano, delineando um espaço urbano/industrial. Na temporalidade da era industrial as razões mais fortes para a concentração industrial nos centros urbanos foram: infra-estrutura básica — transportes, energia elétrica, água, comunicações — e mão-de-obra abundante e especializada. Nas grandes cidades formaram-se complexos industriais de porte, responsáveis pela rápida expansão urbana. A funcionalidade portuária foi outra razão forte para a organização de espaços industriais sob a forma de distritos ou zonas econômicas especiais.

O crescimento urbano direcionado à formação de grandes metrópoles e os crescentes problemas com as áreas industriais muito centralizadas, incompatibilidades ambientais, motivaram a tendência à formação e à localização de parques industriais em áreas periféricas. Conforme Vieira e Rangel (1993:90),

> a descentralização industrial em relação aos centros urbanos está diretamente vinculada à evolução tecnológica. A alta tecnologia das indústrias mais dinâmicas impõe exigências locacionais à produção de espaços especializados. Certos complexos industriais dinâmicos e de moderna tecnologia (química e petroquímica) são incompatíveis no interior dos centros urbanos ou mesmo em suas proximidades mais imediatas. Além das dificuldades em áreas disponíveis e adequadas, há riscos em relação à segurança da população. A mão-de-obra especializada, a automação, a modernização do sistema de comunicação e dos modais de transporte são poderosos fatores à criação dos espaços industriais especializados.

Em São Paulo, a partir dos anos 1950, principalmente, e após a instalação da indústria automotiva, formou-se uma área de grande concentração industrial periférica, conhecida como o ABC. O território urbano formado por pequenas cidades à margem da grande metrópole, e que a ela acabaram por ligar-se, dimensionaram um amplo conjunto urbano industrial. A concentração de indústrias, a massa de operários que a ativa e o poder reivindicatório instalado, desencadearam os contornos do movimento sindical brasileiro, numa configuração típica da era industrial. Do movimento sindical do ABC paulista emergiu outro movimento, o político, a destacar figuras representativas dos trabalhadores sindicalizados. A ação sindical direcionou a ação política que culminou na formação de um partido político representativo dos trabalhadores ligados aos sindicatos.

Mas a era industrial, das plantas fabris com tecnologia pesada e fixa, e milhares de operários acabou. As classes sociais que a fundamentaram, a burguesia e o proletariado, não mais representam o papel principal no processo do desenvolvimento. A era pós-industrial assumiu o paradigma do conhecimento e da informação, apoiado na revolução tecnológica e no desencadear da multiplicidade de técnicas. A era pós-industrial distingue a nova classe dominante, a que exerce poder pela gestão do conhecimento e da informação. A percepção dessa evolução da realidade é decisiva à reestruturação da sociedade e, principalmente, ao equacionamento das relações de trabalho emergentes.

A classe de poder dominante não é, necessariamente, a proprietária dos meios de produção. Seu fundamento de poder está no conhecimento, sustentado pelo nível de educação e formação profissional. Há uma ruptura bem clara na ordem social. A relação maior produção = maior ocupação rompeu-se. O processo de acumulação de capital já não necessita dos operários para crescer. Os recursos técnicos substituem em grande parte a antiga mão-de-obra. Será preciso, portanto, ter uma visão mais ampla das transformações que ocorrem na organização da produção que, inelutavelmente, ditam os rumos da sociedade pós-moderna. Será preciso reestruturar os tempos de vida das pessoas e a elas oferecer oportunidades a outros padrões de formação profissional, e reordenar as relações de produção e ocupação. Isso significa que cada país, dentro de suas realidades econômicas, sociais e culturais terá de reconfigurar a sua organização interna, ainda que inserido no mundo globalizado.

A realidade dos espaços produtivos transterritoriais e das relações de trabalho globais enfraqueceria as antigas áreas de concentração industrial; e nelas os sindicatos, o poder e as pressões que exercem. Para Cinti (1999:166), na era pós-industrial "a classe operária perde o papel de agente histórico privilegiado que detinha na era industrial"; e acrescenta que "isso não quer dizer que seu papel não seja mais determinante; apenas significa que ela perdeu a posição central com relação à mudança da própria sociedade". É claro que um tempo de transição se forma entre os pressupostos de uma e outra modernidade, ou seja, da fábrica de milhares de operários à fábrica robotizada. Touraine (1999:193) aprofunda a análise: "os que são excluídos do movimento incessante das inovações e da decisão não estão mais apoiados numa cultura de classe, no meio operário ou popular. Eles não se definem mais pelo que fazem, mas pelo que não fazem: pelo desemprego e pela marginalidade". Nos países da periferia econômica global, onde se registram baixas taxas de formação profissional, o trânsito entre a era da mão-de-obra operária e a era das técnicas informacionais mostra uma realidade ancorada na degradação social, desigualdade e exclusão, epicentros das ondas de violência urbana.

O cenário tomado para as reflexões acima, o do ABC paulista, se repete, em maior ou menor escala em outros ambientes industriais em processo de descentralização ou redefinição. A Região Metropolitana de Porto Alegre (RMPA) conta com mais de 50% das unidades industriais do estado. Se considerar-se a conceituação de zonas econômicas nacionais, o eixo Porto Alegre-Caxias do Sul torna-se um bom exemplo. Trata-se de uma zona econômica de grande poder industrial, financeiro, político e cultural, formando um verdadeiro sistema regional urbano, no qual se sucedem várias contigüidades físicas. O que se observa nas duas áreas do modelo antigo de concentração industrial é o redesenho das atividades estratégicas de produção tendo em vista a economia global. Há, para usar a expressão de Boisier (2005:49) "a revalorização do território" e a "especialização flexível". As indústrias antigas que não se revitalizaram, transformando-se em unidades estratégicas de produção global perdem espaço e desaparecem.

Os espaços de produção transterritoriais, geografia do desenvolvimento global, seguem estratégias bem definidas de localização, contemplando a idéia de melhor aproveitamento infra-estrutural, de recursos humanos, do modal de transportes, da condição portuária, dos incentivos fiscais e dos mercados de consumo transregional, macrorregional e global. A conformação do território produtivo está orientada para "especialização flexível" de acordo com a natureza da atual ordem econômica internacional; fora dela não há alternativa de sucesso.

A atual revolução tecnológica, comandada principalmente pela microeletrônica, introduziu profundas mudanças na concepção de espaço industrial. Os espaços das unidades estratégicas de alta tecnologia, de montagem e de componentes forçaram, para atender a multifuncionalidade produtiva, a redefinição locacional e geoestratégica dos lugares. O processo de globalização, em seqüência à queda das barreiras espaciais e à conseqüente abertura das economias periféricas, favoreceu a utilização, pelas grandes corporações multinacionais, de diferentes lugares no espaço mundial.

Os espaços de produção abertos ou redefinidos sugerem vários formatos, de acordo com os modelos de localização adotados. As zonas econômicas especiais ganharam um grande destaque na China (1980), principalmente a de Shenzhen, junto a Hong Kong. Uma variante chinesa dessas zonas especiais foi criada em 1984: Zona de Desenvolvimento Econômico e Tecnológico multiplicada ao longo de 18 cidades portuárias. Essas áreas de alta tecnologia têm a participação de empresas multinacionais japonesas, principalmente, e põem a China em conexão com a economia global. Pode-se considerar também a ampla região metropolitana centralizada em Guangzhou, incluindo Hong Kong, Shenzhen, Macau, Zhuhai e outras cidades do delta do rio Pearl. Essa região urbana de cerca de 50 milhões de habitantes conecta a produção de componentes em diversas localidades, reintegrando-a em pontos nodais do sistema de montagem na própria região ou em lugares globais distantes. Outra região urbana importante é a de Kansai, formada por Osaka-Kobe-Kyoto que agrega um vasto complexo industrial de alta tecnologia. Em Taiwan teve início, na década de 1960, a instalação de espaços industriais específicos — Zonas de Processamento de Exportação (ZPEs) — que logo se dispersaram pelo Sudeste asiático, dando origem a economias exportadoras basicamente, mas que propiciaram um novo modelo de desenvolvimento interno. Os países envolvidos ficaram conhecidos como "Tigres Asiáticos". Também se incluem nessa concepção as zonas econômicas transregionais em formação como a Zona Econômica do Mar do Japão e a Zona Econômica do Nordeste da Ásia (Ohmae, 1996).

O Brasil tentou implantar as Zonas de Processamento de Exportação (ZPEs), importando o antigo modelo de Taiwan (1964). Foram selecionadas inicialmente 18 áreas, mas apenas três delas foram implementadas em infra-estrutura, sem, no entanto, agregarem unidades industriais. O programa ZPE no Brasil está praticamente abandonado tendo em vista problemas com a legislação que não permite uso interno de parte da produção, problemas relacionados aos benefícios fiscais, e ainda por se tratar de um modelo já superado de incentivo às exportações.

Outras formas espaciais para as unidades estratégicas de produção são os chamados tecnopolos ou espacializações de alta tecnologia. Esses espaços de produção se situam em áreas metropolitanas como lugares especializados ou, então, como espaços de inovação tecnológica fora do ambiente urbano. O Vale do Silício, epicentro das ondas de inovação tecnológica da microeletrônica e dos computadores é, sem dúvida, o mais famoso tecnopolo do mundo.

O Complexo Automotivo de Gravataí e as unidades montadoras do ABC paulista identificam duas realidades espaço-temporais produtivas:

- o formato espacial da montadora em Gravataí configura um espaço de produção do pós-modernismo territorial/industrial, com suporte tecnológico informacional, altamente robotizado, recursos humanos especializados, gestão horizontal e desburocratizada;

- as montadoras paulistas têm uma configuração espacial típica da era industrial, ainda com elevada mão-de-obra, embora transitando para um perfil tecnológico avançado.

O cenário da economia global aponta para uma tendência que se fortalece rapidamente, que é a formação de lugares globais em contextos macrorregionais. As regiões econômicas garantem a dinâmica dos fluxos, apoiada em nós conectores de redes informacionais espalhadas pelos centros da ação econômica global. As macrorregiões econômicas, moldadas pelos acordos políticos e interesses multinacionais, agregam ao processo de produção contingentes superiores a 50 milhões de habitantes. São grandes mercados consumidores que dão suporte à diversificação e à quantificação de produtos; mercados cada vez mais exigentes, e até seletivos, em termos de preços e qualidade, o que induz as grandes corporações multinacionais a uma dura disputa de preferências. Na guerra dos mercados, as estratégias terão de ser arrojadas e implementadas no âmbito da inovação das técnicas, dos benefícios fiscais e das formas de gestão comandadas pela elite técnica alicerçada no conhecimento e na informação e, naturalmente, pela conformação da modernidade territorial.

O desenvolvimento e a constante inovação das técnicas têm influência decisiva na organização e definição das formas espaciais. Nekrásov (1975:6) já postulava que "o progresso científico-técnico influi de modo decisivo na formação da economia das regiões e sobre todo o sistema de organização territorial da economia". Na dimensão transnacional as regiões econômicas e nelas os lugares-sedes da ação não são, necessariamente, territórios contíguos. As técnicas garantem a simultaneidade dos fluxos de informação e decisão que se dirigem dos centros da ação para a sede da ação. A importância do território e dos lugares está estreitamente vinculada às possibilidades de interação estratégica entre a produção e o consumo, considerando-se a dimensão regional num primeiro plano. Essa lógica regional, contudo, é interativa, interconectando-se às redes globais. A organização e a redefinição do espaço produtivo são, pois, a condição dinâmica das estratégias globais implementadas pelas grandes corporações multinacionais.

A organização, a redefinição e a gestão do território no âmbito do processo de globalização da economia destacam a questão dos lugares. A nova modernidade territorial redefiniu o lugar, a região e a macrorregião num contexto mundial, porém não significa que o espaço tenha sido transformado em realidade uniformizada. Há complexos problemas de articulação entre as diversas categorias espaciais, sobre as quais emerge a inevitável e poderosa força de poder devido à concentração de capital nos territórios em redefinição. A redimensão dos lugares e das práticas produtivas no cenário da economia global enfatiza a questão de como e até que ponto a globalização, ao fragmentar os espaços contíguos, caracteriza modos diferenciados de gestão do território.

A geoestratégia dos espaços econômicos redefine o território a partir de atributos logísticos. A geoestratégia, em função das macrorregiões, ao redefinir os lugares, a eles incorpora estratégias de produção e circulação de bens e, em conseqüência, libera manifestações de poder e influências de poder.

Para os lugares globais de produção, montagem e circulação de bens se estabelecem premissas que remetem à discussão sobre a geoestratégia incorporada ao espaço; o poder que dela emerge, ou seja, a caracterização de um lugar de poder é diferenciada e múltipla. A geoestratégia dos espaços econômicos incorpora as redefinições espaciais em função das estratégias globais estabelecidas pelas grandes corporações multinacionais estrangeiras. Domingues (1995:265) assinala que as soberanias compartidas, formadas pelos grandes mercados regionais, "representam o modelo espacial que melhor responde às atuais necessidades da economia capitalista na exploração, de forma combinada, das vantagens comparativas e dinâmicas oferecidas pelos diferentes lugares e regiões". Os lugares passaram, por seus atributos logísticos, a representar a configuração geoestratégica à produção e à circulação produtiva. O lugar ganha, portanto, dimensão e importância. É a redescoberta da dimensão do lugar (Fisher, 1996).

A geoestratégia dos espaços econômicos é, por definição, o conjunto de circunstâncias formadoras de cenário próprio onde se articulam a importância do lugar, o local da ação e a manifestação de poder. O espaço, criado ou em redefinição, portador de atributos logísticos, identifica um lugar econômico onde se produzem as conexões entre a ação e o poder. Portanto, a natureza do lugar, sua representatividade econômica, sua inserção em estratégias globais de produção e consumo, e a conexão em redes mundiais configuram o complexo de circunstâncias que definem uma categoria geoestratégica para os espaços econômicos.

Para o lugar, que histórica e logisticamente assume uma posição geoestratégica, com mudanças dimensionais na categorização do espaço ao longo do processo evolutivo das ações econômicas, as redefinições espaciais produzem manifestações de poder e influências de poder correspondentes na gestão do território. Formam-se, nas atuais configurações das geoestratégias dos espaços econômicos, os círculos de poder, representando, cada um deles, uma forma de influência sobre a gestão do território.

Para a Cepal (1991) a globalização "é a interdependência entre os fatores da produção em países diferentes. Em muitas partes do mundo não há uma simples separação entre Estado, mercado e região". Há, portanto, um contexto estratégico de lugar, região e mercado no qual se fazem sentir, do ponto de vista econômico, as condições logísticas — porto, retroporto, sistema intermodal de transportes, acordos multilaterais para o estabelecimento de soberanias compartidas — suficientes ao reordenamento geoestratégico dos espaços econômicos.

As formas de organização e de reordenamento de territórios estão direcionadas segundo a presença do Estado na economia. A reforma do Estado nos países emergentes está ancorada em quatro medidas para reduzir a intervenção estatal na ordem econômica, segundo Oszlak (apud Kliksberg, 1996:58): privatização, desmonopolização, desregulamentação e descentralização.

A ação do Estado, principalmente em relação à privatização, desencadeou um amplo processo de mudança e redefinição de territórios. A quebra de monopólios estatais e o processo de desregulamentação criaram relações específicas com a iniciativa privada. Em alguns casos formaram-se parcerias diretas ou indiretas, como as que se estabeleceram com a privatização operacional das atividades e formas de arrendamento por concessão de ativos patrimoniais. Quanto à descentralização política e administrativa, permitiu maior participação dos estados e municípios nos processos de decisão e gestão sobre os espaços globais a serem produzidos pelas empresas multinacionais, particularmente.

A redefinição das funções do território, quando da passagem de um modelo público para um modelo privado, caracteriza uma mudança de procedimentos. A figura 7 resume a dinâmica dos modelos público e privado.

Figura 7

Formas de organização e redefinição do território: a dinâmica da ação

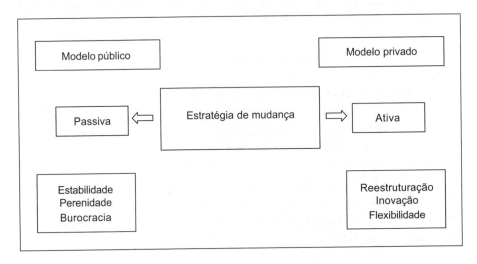

A dimensão estratégica da mudança se refere à transformação organizacional que ocorre quando da passagem do modelo de administração pública para o de administração privada. A categoria jurídico-administrativa, que segue a metodologia do processo de privatização, pode fundamentar-se em parceria. Essa categoria de gestão operacional de patrimônio público ocorreu no Porto do Rio Grande (RS). A privatização se dá muitas vezes, na operacionalização produtiva e na concessão de serviços com participação direta ou indireta do poder público, sob a forma de ativos financeiros ou de controle por agências reguladoras.

No caso do Porto do Rio Grande, a parceria se materializou por meio de um sistema de arrendamento, ou seja, além do valor de transferência obtido por licitação pública, o estado (RS) continua recebendo uma parte da renda dos terminais em razão do uso de instalações e dependências físicas identificadas como patrimônio público. Contudo, de acordo com a nova caracterização operacional dos terminais e dos investimentos a serem feitos pela iniciativa privada, o reordenamento do território portuário passou a receber maior influência de poder por parte dos investidores. A estratégia operacional portuária, de acordo com a Lei nº 8.630/1993, permite não só a globalização das atividades portuárias — lugar global — como insere as atividades portuárias na cadeia produtiva. O porto torna-se um produto a ser vendido, uma prestação de serviço com eficiência, velocidade e produtividade em custos. No modelo público o porto tinha uma posição passiva em relação ao uso de suas instalações. Os usuários procuravam o porto para seus embarques e os serviços eram disponibilizados a partir de tarifas fixas, inflexíveis, seguindo critérios alheios à competição. A força sindical detinha grande poder, exigindo e impondo condições de trabalho e de vantagens que não favoreciam a opção pelo Porto do Rio Grande. Na verdade, o modelo público se engessou e se esgotou diante das possibilidades estratégicas globais que se abriam às atividades portuárias.

As territorialidades, produto da herança histórica, passam por redefinição sempre que sobre elas são aplicados processos de reordenação econômica. Parte ou o todo do território pode formar lugares globais como sede da ação econômica apoiada em ampla interconectividade global.

A figura 8 mostra a caracterização do lugar global no território redefinido a partir do lugar local — herança histórica — após a reordenação espacial da área em função de variáveis logísticas e a conseqüente inserção nas estratégias globais de produção e circulação. Define-se, assim, uma nova geoestratégia econômica para o território.

Figura 8

Territorialidade e o tempo-espaço dos lugares

Na dimensão territorialidade, o lugar local representa a herança histórica da localidade. É a sede da ação onde se processou o desenvolvimento econômico, social, cultural, regional e nacional. No espaço geográfico há uma razão local (Santos, 1996), atributo da funcionalidade locacional, que é produto da herança histórica. A infra-estrutura física, os atributos logísticos, os macromercados e as estratégias globais das grandes corporações multinacionais redefiniram o lugar local, fragmentando-o e produzindo um espaço com características específicas ao processo de globalização econômica. Esse espaço, na territorialidade nacional, é o lugar global onde se manifestam as ações econômicas de âmbito global. O lugar global, área de influência do processo de internacionalização da economia, passa ao domínio das corporações multinacionais. O lugar global assume a condição de sede da ação econômica, podendo a partir dele emanar o poder de influência sobre a gestão do território. Ao afirmar que "não existe um espaço global, mas, apenas, espaços da globalização", Santos (1996:271) considera as ações desterritorializadoras a partir da espacialização de vetores técnicos, informacionais, econômicos, sociais, políticos e culturais. No lugar global, produto da redefinição e do reordenamento do território se impõe uma racionalidade baseada na estrutura organizacional que se fundamenta na eficácia. A figura 9 indica a evolução geoestratégica para os lugares globais:

Figura 9

Evolução geoestratégica dos lugares

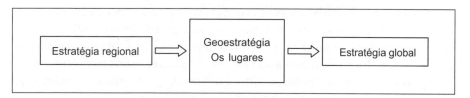

A dimensão geoestratégica dos espaços econômicos, considerada neste estudo, estabelece uma relação entre o objeto geográfico, a posição do lugar, a infra-estrutura operacional e a formação de ampla região produtiva. Essa evidência confirma os argumentos de Santos (1996:19) quando afirma que "a partir da noção de espaço, como um conjunto indissociável de sistemas de objetos e sistemas de ações, podemos reconhecer suas categorias analíticas internas; entre elas, estão a paisagem, a configuração territorial, o espaço produzido ou produtivo". O objeto geográfico é representado pela instalação produtiva; a posição do lugar interpola uma rede multimodal de transporte e as regiões de produção; a infra-estrutura operacional viabiliza a logística do território.

Na geoestratégia do território há a considerar duas situações bem definidas: a estratégia regional (anterior), dimensionada por uma organização produtiva no âmbito de região nacional (formação histórica); a estratégia global (atual), dimensionada para atender necessidades do processo global, no âmbito das macrorregiões econômicas.

A geoestratégia dos espaços econômicos no âmbito do processo de globalização remete a novas categorias de regiões, identificadas na aceitação do novo modelo territorial. Ao longo da história política sempre houve uma identidade entre a sociedade e o território. As sociedades nacionais se consolidaram através da territorialidade, formando identificações regionais em diversas escalas. As grandes regiões — fragmentação do espaço mundial — são constituídas de vários países e esses fragmentados em divisões políticas internas. A fragmentação, no caso, é interativa e corresponde à organização política de cada país.

A importância da territorialidade no contexto da economia global difere da concepção antiga, autárquica e delimitada apenas por variáveis geográficas. A percepção da territorialidade pós-moderna é de caráter altamente interativo, a constituir sociedades em conexão pelo sistema de redes. É essa, seguramente, a nova modernidade territorial criada, particularmente, pelo processo de globalização da economia.

O Stanford Research Institute sustenta que a racionalidade tradicional das regiões econômicas e de muitas jurisdições políticas está sendo rapidamente deslocada por uma nova lógica econômica (Boisier, 1996:61). O conceito de aglomeração regional descreve de forma mais precisa os padrões econômicos contemporâneos do que os tradicionais limites políticos. A economia global se tornou um mosaico de regiões econômicas que se estendem em várias jurisdições políticas. Essa tendência conduzirá, com maior intensidade, a formas adequadas de colaboração entre nações, estados e cidades. A redefinição dos territórios ocorre na dimensão geográfica, jurídica, política e militar. A figura 10 ilustra a redefinição dos territórios, suas dimensões e condicionamentos globais.

CARACTERIZAÇÃO E REORDENAMENTO DOS LUGARES   75

Figura 10
Movimento dos fluxos pela área transterritorial em territórios reordenados e os pressupostos econômicos requeridos

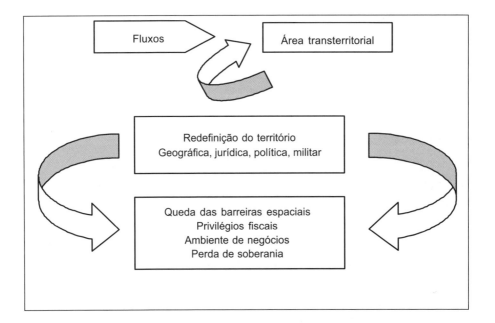

7

Dimensão tempo-espaço dos territórios

As estratégias globais das grandes corporações multinacionais mudaram a maneira de produção dos espaços econômicos no mundo. O importante passou a ser a relação mercado-produto na região transnacional, tanto sob a forma de macromercados ou de acordos bi- e multilaterais. As variáveis mais atuantes na dimensão tempo-espaço do território são: a queda das barreiras espaciais (nacionais); a contração do tempo-espaço pela alta tecnologia; as distâncias reduzidas a pontos virtuais; as subjetividades lógicas do ciberespaço; e os valores, signos e imagens introduzidos pela tecnologia da informação. Essas variáveis abriram caminho à formulação dos fundamentos da nova modernidade territorial. As grandes empresas passaram a produzir em lugares globais para atender mercados nacionais, supranacionais e globais.

O lugar e sua natureza física, a representatividade econômica, a inclusão nas estratégias globais das grandes corporações multinacionais, a interconexão em redes mundiais e a condição macrorregional da operacionalização econômica representam uma nova dimensão espacial. A nova modernidade territorial derruba as barreiras espaciais (nacionais), redefine e reordena o conceito de região, produz o lugar global e, virtualmente, o desterritorializa do lugar local.

Os cenários do espaço global estabelecem o que Giddens (1989:12) chamou de "conexão lógica entre ação e poder". A ação e o poder se materializam sobre um objeto físico que é o lugar global, transformando-o num objeto geográfico onde se concretizam as práticas econômicas e se produzem manifestações de poder. A geoestratégia dos espaços econômicos está, pois, relacionada à produção espacial do lugar global, às formas de organização, redefinição, reordenamento e gestão do território. O cenário das estratégias econômicas mundiais, responsáveis pelas formas espaciais de produção e circulação é determinante na incorporação de elementos de gestão e poder no território. A análise das potencialidades estratégicas locacionais e dos elementos da logística do território são fatores importantes para a organização de espaço produtivo, ou a redefinição e o reordenamento de antigos espaços industriais.

A importância dos lugares sempre esteve relacionada com as práticas econômicas, principalmente, considerando as estratégias direcionadas a recursos naturais. As relações dos agentes econômicos com os lugares foram, quase sempre, restritas à exploração dos recursos naturais e à disponibilidade de mão-de-obra nativa e de baixo custo. Essas relações manifestavam-se pelo poder de dominação econômica sobre o poder político nacional, e sobre os espaços físicos regionalizados. O espaço econômico produzido tinha importância locacional, raramente regional e sem dimensão global. O lugar e a região eram meras localizações no espaço econômico delimitado, nos quais atuava um ator preponderante e, preferencialmente, único. O lugar, disponibilizado a um interesse econômico específico, representava a possibilidade concreta de realização de operações produtivas sem que, necessariamente, caracterizasse a desterritorialização.

A prática (econômica) sobre o território tinha como finalidade principal obter matérias-primas de baixo custo. A importância do recurso matéria-prima e a extensão do território sob domínio econômico dimensionavam o tamanho do poder exercido. Nessa fase o que estava em jogo não era a conquista de mercado consumidor, mas apenas a exportação de matéria-prima dos países de economia periférica para os países hegemônicos. A transformação da matéria-prima em insumos e bens de consumo, nos espaços econômicos centralizados, constituía uma outra fase, a do comércio internacional, baseada nos padrões de exportação/importação.

As estratégias globais alteraram, substancialmente, o modo de produção dos espaços econômicos; a relação mercado-produto e o seu dimensionamento transregional tornaram-se relevantes. A queda das barreiras espaciais (nacionais) e os benefícios fiscais garantiram a construção de novos espaços econômicos. Os lugares globais passaram a atender mercados em escala global.

A natureza do lugar, a representatividade econômica, a inserção em estratégias globais, a interconexão em redes mundiais e a internacionalização das atividades econômicas representam a dimensão tempo-espaço transterritorial de produção. A conformação territorial produtiva da atualidade impõe liberdades espaciais, cria a concepção de região tecnoeconômica, constrói o lugar global e o conecta em sistemas de redes.

O lugar global é um objeto físico (e geográfico) fragmentado do espaço global. Becker (1988:1) considera que

> o espaço global é também fragmentado porque apropriado em parcelas por diferentes atores, parcelas que são localizadas no espaço, ou seja, territorializadas. As formas de apropriação e de gestão dessas parcelas do espaço estão na essência das relações de poder, constituindo um componente fundamental do processo de produção do espaço global/fragmentado.

Os fragmentos do espaço global territorializados passam por um processo de redefinição e reordenamento, em função das estratégias transterritoriais das corporações multinacionais que estabelecem as bases operacionais de ação. A fragmentação do espaço global em lugares globais, desterritorializados e regionalizados para atividades econômicas, e conseqüente exercício do poder, coloca uma questão fundamental, expressa por Giddens (1989:12) da seguinte maneira: "a regionalização deve ser entendida como referente ao zoneamento do espaço-tempo em relação às práticas sociais rotinizadas". Um zoneamento mutante, sem dúvida, no atual cenário da economia global.

Tem-se, no plano teórico, a formulação de novos conceitos sobre os fragmentos do espaço global e da regionalização. Os fragmentos são os lugares e as regiões econômicas. No plano prático, os lugares se redefinem e, também, se fragmentam, diferenciando os lugares globais e os lugares locais na mesma identidade territorial.

A região passa a ser um zoneamento do tempo-espaço para práticas das estratégias econômicas globais. Podem ser categorizadas por práticas reais que incorporam espaços físicos e produtivos, ou práticas associativas por meio da complementação de interesses, ou, ainda, práticas virtuais por meio de mecanismos contratuais. A visão de região e práticas regionalizadas, na fragmentação do espaço global é, efetivamente, a mais marcante realidade do território no processo de globalização da economia.

Nos cenários dos espaços globais se estabelecem novas conexões lógicas entre a ação e o poder. Giddens (1989:12) faz a seguinte colocação, importante nas considerações sobre poder e influência de poder na gestão do território: "qual a natureza da conexão lógica entre ação e poder? Podemos dizer que a ação envolve logicamente poder no sentido de capacidade transformadora. Assim, poder é definido, com muita freqüência em termos de intenção de vontade, como a capacidade de obter resultados desejados e pretendidos". Ação e poder se materializam sobre um objeto físico que é o lugar global, transformando-o num objeto geográfico onde se concretizam as práticas econômicas e se produzem manifestações de poder. A ação (econômica) que se produz no lugar global, fragmento do espaço global, envolve, como afirma Giddens (1989), poder, caracterizando uma possibilidade lógica de influência sobre o território. A ação econômica que libera poder é, particularmente, transformadora, ou seja, impositiva de mudanças estruturais e organizacionais.

As estratégias globais se realizam pela ação econômica e política combinadas. O poder é exercido pela dialética que sustenta o sistema de relações produtivas transterritoriais. Em escala mundial os atores da economia global exercem, inicialmente, poder sobre as instituições políticas para liberação de espaços econômicos com incentivos e vantagens fiscais; posteriormente, exercem influência sobre a gestão do território. As pressões da ordem econômica transterritorial nem sempre favorecem os Estados-nações. As concessões são quase sempre demasiadas. O território, centro das ações econômicas, se envolve num jogo de interesses multinacionais, do qual emergem forças de pressão: tecnologia, conhecimento, informação, ajustes fiscais, políticas macroeconômicas, investimentos externos, padrões de eficiência e produtividade; no conjunto, o poder econômico imanente. O resultado desse complexo de forças é a maximização da lucratividade, configurando um cenário pós-social no qual o desemprego se torna uma variável aguda. O que se pratica está orientado para o crescimento econômico e não para o desenvolvimento com conteúdo social.

A modernidade territorial e a economia global poderiam representar um processo de desenvolvimento nacional se os Estados nacionais se inserissem na ordem econômica com equanimidade. Isso significa que cada país entraria no processo global com sua identidade nacional, sua representatividade empresarial e participando do sistema de trocas dentro de uma cadeia de valores que assegurasse vantagens a todos. Mas a integração global capaz de se identificar com o real processo de desenvolvimento econômico e social é uma utopia ainda distante. A abertura econômica ampla e o desejo de inserção rápida no contexto da economia global deixaram os países periféricos vulneráveis à desnacionalização industrial e aos ataques especulativos do capital financeiro internacional.

Os países do antigo Terceiro Mundo caíram rapidamente na chamada armadilha global. As bolsas de valores passaram a ser dominadas pelo capital de curto prazo, de origem muitas vezes duvidosa, que exerce o poder de estabilizar ou desestabilizar, na instantaneidade dos meios eletrônicos, as economias nacionais. Esse cenário foi bem contextualizado por Martin e Schumann (1997:69): "negociantes de títulos cambiais e ações movimentam um fluxo crescente de capitais de investimento, em escala global, e com isso podem decidir sobre o destino de nações inteiras". De modo geral, os governos nacionais periféricos ficam imobilizados diante das imposições dos financiadores externos. Essa realidade gera grandes conflitos internos, principalmente, quando se contrapõem às medidas de política financeira de interesse do mercado especulativo com os interesses nacionais, empresariais e sociais.

A dimensão espaço-temporal do território, identificada segundo a evolução das formas sociais e econômicas, cria, na formação de blocos econômicos, complexidades quanto às diversidades nacionais e regionais. As regiões econômicas, particularmente, se concretizam após longo período de estudos e acordos políticos. Uma decorrência de tempo maior é necessária à consolidação dos acordos tarifários e ao estabelecimento regular dos fluxos econômicos. A evolução à unificação monetária e política, à formação de região-Estado, é uma tessitura complexa da arte de negociação. A União Européia percorreu um longo caminho — 30 anos — para chegar ao euro e ao parlamento comum; trata-se de um notável exemplo de nova dimensão espaço-temporal de território.

As regiões econômicas — UE, Asean, Apec, Mercosul e Nafta — são diversidades regionais de caráter étnico-cultural. Possuem diferenciações em ciência e tecnologia, em estágios de produção industrial, em riqueza de biodiversidade, em tamanho de desigualdades sociais e de grandeza em ambientes naturais. Diferenciações que, contudo, não eliminam as possibilidades de acordos multilaterais para a cooperação e o desenvolvimento econômico. A integração dessas diversidades em regionalismo mais amplo, continental, como propõe a Alca, é um problema difícil de se harmonizar em termos de interesses nacionais e sub-regionais. Contudo, um grande esforço político poderá superar as dificuldades e encaminhar a formação da Alca, seguindo a tendência global.

A época atual é de "destruição criativa" dos conceitos de Estado e território. O Estado preconizado na presente atualidade para os países periféricos é o de tempo pós-social. As dualidades logo surgiram: Estado grande e Estado pequeno; Estado nacional e Estado global; e o território? Território nacional e território transnacional; linha de fronteira e zona de fronteira; lugar local e lugar global; região geográfica e região econômica. O antigo conceito e o novo conceito; o conceito, atualmente, transita rapidamente pela inovação no ideário político, econômico e pela dominância das técnicas. O conceito não morreu, mas se tornou uma transitoriedade de tempo curto no campo do conhecimento em conseqüência da velocidade com que a realidade se transforma. O conceito é uma idéia que evolui e se transforma com as técnicas; ambos são, no momento, evanescentes. A figura 11 ilustra a dimensão tempo-espaço dos territórios econômicos abertos.

Figura 11

Territórios econômicos abertos a partir da redefinição dos lugares

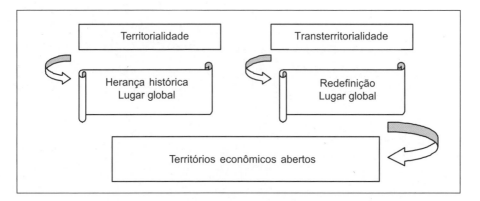

8

Tempo-espaço da economia informacional

A estrutura e a organização da economia passaram por profundas e rápidas transformações conceituais e práticas nas três últimas décadas. O espaço produtivo como configuração físico-temporal da territorialidade ganhou novos atributos e, sobre ele, foram construídas as conformações econômicas globais. Há no horizonte da sociedade do ciberespaço-tempo um cenário dinâmico de práticas econômicas que modela o sujeito individual e coletivo. O conhecimento, a informação e a tecnologia mudaram as práticas econômicas, produziram relações sociais diferenciadas e comportamentos inovadores. Estratégias globais adequadas garantem a espacialização flexível da economia, cujo principal suporte é o conhecimento e a informação. O mesmo não aconteceu no campo social por ausência de estratégias baseadas em discurso crítico conseqüente.

O tempo-espaço, real e concreto, como sede da ação econômica, incorpora um outro tempo-espaço, o cibernético, cuja interatividade dialética identifica e vincula as objetividades e subjetividades lógicas. A economia do conhecimento e da informação é caracterizada pela velocidade da ação; os fluxos que se geram e se dinamizam têm no tempo uma identificação de racionalidade técnica postada em eficiência e fluidez. Assim o tempo-espaço (real e construído), a economia de velocidade e as técnicas formam um campo de forças que repercute no processo de transformação da sociedade. O campo de forças, ao liberar agentes ativos, condiciona e é condicionado, transforma e é transformado, produzindo a interatividade dialética no processo evolutivo da atualidade.

A era informacional produziu conformações espaciais próprias, territorialidades abertas a fluxos de produção e poder. O antigo tempo-espaço industrial, o grande motor da economia moderna, cede lugar ao tempo-espaço informacional, cujos valores e significados condicionam o comportamento social. Para Borja e Castells (2000:12) "a articulação entre a tecnologia, a economia, a sociedade e o espaço é um processo aberto, variável e interativo". Na sociedade informacional "o global condiciona o local e os fluxos eletrônicos estruturam a economia a partir de relações entre unidades espacialmente distantes", ainda segundo os autores citados. Na verdade, o que existe é um tempo-espaço econômico global, formado pelos lugares globais fragmentados, constituindo as sedes da prática produtiva. A interatividade entre as unidades globais — espaços de geração de fluxos —, é comandada, em rede, a partir dos centros da ação econômica. As redes formadas produzem fluxos de decisão e poder, cujo principal suporte é o sistema de informação. O tempo-espaço na economia informacional passa a ser uma estrutura tecnológica de informação e conhecimento.

Quando se fala de economia global é preciso considerar uma situação particular entre tecnologia e sociedade. As técnicas atuais permitem a fragmentação do espaço global e sua interatividade sistêmica. As redes eletrônicas asseguram a unidade de comando, enquanto as redes de transportes garantem a circulação dos componentes e dos produtos finais, com eficiência e custos adequados. Porém, isso não significa globalização geral das populações regionalizadas. A maioria não participa do processo global diretamente, ou de maneira simétrica. Borja e Castells (2000:21) fazem a seguinte apreciação:

> O planeta é assimetricamente interdependente e essa interdependência se articula cotidianamente em tempo real, através das novas tecnologias de informação e comunicação, num fenômeno historicamente novo que abre assim uma nova era na história da humanidade: a era da informação.

A tendência, contudo, é para a participação progressiva de países e regiões na economia global. Cada vez mais os produtos de amplo consumo têm origem, no todo ou em parte, nos fragmentos do espaço global, em territorialidades locais ou regionais. As produções locais representativas das identidades dos lugares ou das regiões ingressam no mercado global sob determinados padrões de qualidade e controle. O que se consumirá, no futuro, será um produto global, embora produzido ou montado em lugares dos territórios nacionais. Matéria-prima, tradição, tecnologia, conhecimento, informação, divulgação e trabalho formam um complexo de elementos envolvidos na elaboração dos objetos de consumo; ter-se-á, pois, bem caracterizada, sempre, uma multicomposição territorial, o que lhes assegurará a condição de produto global.

O produto global incorpora a contradição da riqueza global e da pobreza local. A lógica dessa contradição está no fato de a economia global não dimensionar os valores sociais. Nesse sentido ela é, verdadeiramente, pós-social, o que significa que seu pressuposto maior é a racionalidade formal weberiana. No estado puro do lucro, duro e irrevogável, não há lugar para o social. Há 2 bilhões de pobres no mundo. No Brasil, mais de 55 milhões vivem na linha da pobreza; contudo, em nenhuma outra época se produziu tanto e se gerou tanta riqueza como no tempo da sociedade informacional. A interação entre os espaços econômico e social é uma possibilidade cada vez mais remota de se alcançar em escala global. A riqueza pode ser gerada pelas técnicas, sem ou com mínima intervenção humana. Essa realidade agrava a questão social das desigualdades, principalmente, se grandes contingentes humanos não forem incluídos no processo educacional de vanguarda, crescentemente global. Enquanto isso não se tornar realidade, outra realidade, talvez a mais perplexa da atualidade, é que o estoque populacional da Terra hoje coloca-se na contramão do curso seguido pela evolução da produção e da tecnologia.

O tempo-espaço da economia informacional promove a produção de alta tecnologia, qualificando as atividades produtivas e o conforto pessoal. Paralelamente, porém, se formam e expandem espaços de degradação social, de má qualidade de vida e, conseqüentemente, da própria vida. As contradições na organização social são históricas. Mas em nenhum outro período da evolução da sociedade se teve tanta consciência dos fossos sociais e das possibilidades de superá-los como hoje, diante dos recursos das técnicas e da formação profissional.

A percepção que se retira da realidade desigual é que o avanço tecnológico só se harmonizará com as totalidades, quando outras variáveis forem consideradas e equacionadas: grau de cultura, formação educacional e planejamento familiar. Lévy (1999:14) afirma que "hoje, ainda que características cognitivas sejam reconhecidas para toda espécie humana, geralmente pensa-se que as formas de conhecer, de pensar, de sentir são geralmente condicionadas pela época, cultura e circunstâncias". É o "transcendental histórico" de Lévy, como o que "estrutura a experiência dos membros de uma comunidade". Os diferentes tempos da experiência cultural condicionam muitas vezes, com força irresistível, as formas de pensar e sentir, bloqueando as influências transformadoras das técnicas. Assim, numa mesma espacialidade pode coexistir uma dualidade de tempos: o presente (mudança pós-industrial pelas técnicas) e o passado (práxis da era industrial). Esse contraditório de experiência atualmente vivida diferencia-se de outros períodos históricos pela evanescência das mudanças tecnológicas do presente. A duração de um tempo tecnológico é, hoje, muito menor que no passado.

O tempo passa a ser um fator decisivo na configuração dos espaços informacionais, posto que, dependendo da velocidade do aperfeiçoamento das técnicas e do surgimento de novas, os graus de interatividade também se alteram. No conjunto, são as próprias relações no mundo da informação e do conhecimento que mudam, arrastando as transformações no âmbito dos negócios, da vida social e cultural. Assim, a configuração tempo-espaço modela os cenários da sociedade, tornando mais fortes os vínculos entre o desenvolvimento das técnicas e a organização social.

Os padrões de comportamento, os signos de linguagem, as imagens e os significados da era informacional distanciam-se rapidamente da cultura tecnológica dominante até pouco tempo. Mesmo nos lugares e regiões de maior isolamento tecnológico as redes globais acabam por penetrar e incorporar contingentes populacionais às mudanças que transformam os costumes e a cultura. No cenário global há diferentes ritmos para a mudança. No mundo sem fronteiras das tecnologias da informação, poucos são os padrões culturais ainda não afetados pelas inovações do conhecimento. Tradições e costumes antigos passam gradualmente à condição folclórica.

Os estilos de vida e as identidades coletivas de trabalhadores foram atingidos pela instantaneidade das redes conectivas dos espaços informacionais. Os formatos produtivos globais, robotizados e informatizados, alteraram hábitos, costumes e tradições. As relações de trabalho tendem mais para as identidades individuais de autônomos, de especialistas e de prestadores de serviços. As gestões públicas se afastam progressivamente das estruturas burocráticas verticais para a horizontalidade dos fluxos decisórios. A gestão por contrato, parcerias público-privadas ganham espaço nas responsabilidades públicas. O processo educacional, por seu lado, reconsidera as estruturas curriculares fechadas, evoluindo, ainda que timidamente, para composições curriculares abertas e plurais, de acordo com os pressupostos da época.

A concepção do trabalho é outra mudança importante na atualidade. Se o tempo é de conhecimento e informação, é natural que o trabalho reflita essa realidade. O trabalho é o exercício de uma atividade com suporte na formação profissional, com grande carga de conhecimento e informação. O emprego tradicional, encaixado em planos de carreira de longa duração está terminando. Na sociedade industrial tudo tinha uma duração mais longa, uma estrutura mais definida e duradoura. A sociedade informacional é mais flexível em toda dimensão social. As relações de emprego tradicional perdem força para as relações de trabalho, mais flexíveis e com maior grau de incerteza.

Outra característica marcante da economia informacional é a ampla uniformização dos estilos de vida. É a "cultura global" a que Ramonet (1999:47) alude: "nas grandes cidades do mundo, o requinte da diversidade cede o lugar à fulminante ofensiva da padronização, da homogeneização, da uniformização. Por toda parte, triunfa a *world culture*, a cultura global".

Diante de tão radicais transformações, e no encantamento que o mercado produziu nas correntes de pensamento hegemônicas, pode-se questionar o fator principal da atividade econômica. Na era industrial os grandes contingentes de trabalhadores e as matérias-primas definiam os espaços econômicos internacionais; era a fase do imperialismo econômico, uma das faces vividas pelo capitalismo. Na economia global são as relações entre as unidades de produção, o Estado e o potencial de consumo que predominam.

No mundo sem barreiras espaciais, as empresas globais como expõe Ramonet (1999:52) "não levam em consideração as fronteiras nem as regulamentações, mas somente a exploração inteligente que podem fazer da informação, organização do trabalho e revolução da gestão". Um grande e atual questionamento é, precisamente, o modo de ser do processo de globalização. O que transparece mais claramente é que os espaços globais informacionais não estabelecem a interdependência entre economias nacionais. Tudo o que resta no processo global é a intrincada rede de conexões entre as grandes corporações multinacionais. Fica bem transparente que a globalização é uma estratégia das economias empresariais privadas multinacionais e não das economias nacionais.

Furtado (2000:21) faz uma apreciação pertinente: "parece-me que as idéias ainda estão pouco claras sobre o processo de crescente interdependência das economias nacionais chamado de globalização. Vivemos uma dessas épocas em que se faz notória a insuficiência do quadro conceitual para apreender uma realidade em rápida transformação". A perda de poder e de controle do Estado sobre a economia induz a considerar que a economia já não necessita do Estado para operar no cenário global, senão apenas para provocar as rupturas estruturais da antiga ordem econômica e social. Perdendo o controle sobre as empresas públicas estratégicas responsáveis pelo suporte infra-estrutural do desenvolvimento e, também, dominado pelos fluxos de capitais especulativos nas bolsas de valores, o Estado nacional tem muito pouco a oferecer como suporte às empresas nacionais para uma participação global ativa. Curvando-se aos interesses globais na desregulamentação, privatização e redução do poder público, o Estado nacional desvincula-se do projeto de desenvolvimento interno, outorgando ao capital externo as tarefas que antes lhe competiam. Essa postura política, incentivada pela dialética neoliberal e de certa forma imposta por poderosos organismos internacionais como o

FMI e o Banco Mundial torna, efetivamente, o mundo sem fronteiras, para, nele, atuarem com desembaraço, as empresas com estratégias globais.

Na economia informacional o mercado não é interno nem externo; é apenas o mercado. As condições sociais é que inserem uma maior parcela ou não da população no mercado de consumo e trabalho. O grande problema está no fato de que a nova economia é pós-social, o que significa a redução de renda por trabalho individual. Esse fato é ilustrado por informes de algumas importantes federações de indústrias do país, ao divulgarem que houve crescimento dos postos de trabalho e, paralelamente, uma diminuição da renda de salário. O crescimento do mercado é então representado pelo aumento do consumo de minorias nacionais nos países da periferia capitalista, onde a renda é altamente concentrada. Somadas (as minorias), em escala global, e mais o alto consumo nos países desenvolvidos, fica justificado todo esforço multinacional de produção. Para alguns economistas, como Furtado (2000:22) "a experiência tem demonstrado que o motor do crescimento de países de grandes dimensões tende a ser o mercado interno. Como para se ter acesso à tecnologia moderna faz-se necessário abrir o mercado interno, o problema consiste em modular os esforços na busca desses dois objetivos até certo ponto antagônicos". E aí está um ponto crucial no papel do Estado.

A grande dúvida a ser levantada é exatamente a do papel político do Estado. É notório o enfraquecimento e a vulnerabilidade do Estado nacional diante das forças econômicas globais. Preso a uma complexa rede de interesses transterritoriais, o Estado-nação vê-se em dificuldades para estabelecer uma política de reordenação econômica interna capaz de reverter o atual processo de globalização. Mesmo nos blocos hegemônicos do capitalismo atual observa-se uma crescente subordinação do poder político ao poder econômico. O processo político democrático, de livre manifestação popular, vem sendo dominado pelo poder e interesses que se dimensionam muito mais no âmbito econômico do que no político.

As formas espaciais representativas da estrutura e organização informacional da atualidade dimensionam áreas urbanas muito além das restritas funcionalidades passadas. É possível reconhecer relações econômicas, sociais e culturais configurando um processo de integração urbana, contígua ou não, de dimensão regional, nacional ou internacional. É o sistema de cidades destacado por Guell (1997:142), como aglomerações urbanas passíveis de inter-relações entre si, com hierarquização apropriada e estabelecida por indicadores, entre eles a densidade populacional e a cota de mercado, que mede a capacidade mercadológica das populações.

Sistemas de cidades já existem na União Européia (cidades de mais de 200 mil habitantes, num total de 80 milhões de pessoas e mais da metade da riqueza produzida pela Europa ocidental), e na Ásia (região urbana do delta do rio Pearl com 50 milhões de pessoas, produção de alta tecnologia conectada ao mercado global). Esses sistemas são representativos tanto do ponto de vista de articulação regional-nacional, quanto internacional. Na dimensão Mercosul pode-se estabelecer o novo sistema de espaços urbanos, com cidades principais como Buenos Aires, Montevidéu, Porto Alegre, Assunção, Florianópolis, Curitiba e São Paulo num primeiro nível, e outras cidades menores formando um segundo nível.

O sistema urbano pode se diversificar e interligar diferentes hierarquias em funções comparativas e competitivas. Formar-se-ia desta forma uma zona metropolitana de forte impulso econômico, social e cultural. O fortalecimento de espaço notoriamente informacional, e os nós de desenvolvimento que geraria para o sistema de redes em cidades menores, se estenderiam à própria estrutura do bloco regional (Mercosul) e, mais tarde, com grande poder participativo na Alca, além de sólidas bases para negociações com outros importantes blocos regionais e continentais.

O local e o global representados pelas cidades interligadas em sistemas urbanos ou conectados em redes informatizadas constituem espaços estratégicos para a geração do conhecimento, da produção, da comercialização e da inovação cultural. À medida que há a implementação de novas técnicas produtivas, o aprimoramento no sistema de informação e na evolução dos acordos políticos, mais fortemente se caracterizam os espaços informacionais. Contudo, nada do que está permanecerá por muito tempo. O difícil é imaginar os novos sistemas e entre eles as novas relações e dependências. Toda a arquitetura dos espaços atualmente definidos evoluirá na direção das novas tecnologias e das novas disposições políticas. Conquanto se possam considerar avançados os novos termos da atual modernidade territorial, as novas tecnologias da informação, as novas formas produtivas e as novas modalidades de consumo ainda assim, por distorções capitalistas sistêmicas, as crises rondariam os países periféricos, pondo em risco a estabilidade política tão absolutamente necessária à evolução do novo tempo-espaço informacional.

A economia, o conhecimento, o consumo e a cultura globais se tornaram uma inevitabilidade da contração do tempo e do espaço pela, hoje, permanente revolução tecnológica. Não há como retroceder, porém, isso não significa que o sistema global não possa se transformar, tornando-se mais eqüitativo para todos os países e beneficiando mais amplamente os diversos

Figura 12

A transposição de um tempo-espaço de produção condiciona a contrução de novos valores e o comportamento social

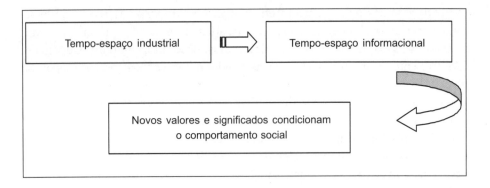

fragmentos populacionais no âmbito das profundas desigualdades sociais que ele próprio aprofundou. As relações internacionais, ditadas pelos métodos da economia global, são desfavoráveis para a maioria dos países. Tempo e espaço é um paradigma da modernidade cibernética, um paradigma que é produto das técnicas em todos os campos do conhecimento. O conhecimento alarga suas fronteiras a partir dos avanços científicos e da renovação das técnicas, o que na verdade forma um circuito de permanentes estímulos às novas descobertas.

Os mesmos espaços informacionais que geram a riqueza financeira, em trânsito instantâneo pelas redes mundiais, produzem o tempo-espaço de crises que se instalam nos sistemas cambiais, nas bolsas de valores, nas relações de trabalho, no poder político e nos significados nacionais da periferia capitalista. Pode-se argumentar, pela experiência histórica, que o sistema capitalista tem dois vértices principais: o da lucratividade e o da estabilidade. A lucratividade se produz no espaço global e a estabilidade apenas nas forças hegemônicas do sistema. A estabilidade do sistema político e econômico global, presentemente, está na articulação EUA/União Européia, apoiada na superestrutura militar da Otan. A União Européia é hoje a segunda potência militar do mundo, com uma força de reação rápida de alta qualificação. O Japão, que forma uma extensão imediata do poder econômico global, é articulado economicamente, mas sem poder militar de sustentação. A China, a grande força emergente, tem poder econômico e militar; a Índia se apresenta como potência tecnológica e de poder atômico. Mas novos centros de força econômica, de articulação de estratégia e de irradiação regional de poder avançam principalmente na Ásia, por meio da Asean e da Apec. A figura 12 ilustra a mudança de foco do sistema econômico mundial.

Parte III

Gestão de territórios

A globalização inovou as formas produtivas e as relações de produção que, por sua vez, provocaram rupturas nas relações sociais e exerceram profunda influência nas manifestações culturais. Novas formas de poder e gestão emergiram da ordem econômica global e dos agentes econômicos que a protagonizam; são os atores sistêmicos em cenários atuais comandados pelas técnicas e pela racionalidade produtiva. A mobilidade dos fluxos de poder, virtualmente globais, tornou-se, efetivamente, transterritorial. Nos espaços econômicos globais emerge a gestão compartilhada. A articulação entre o global e o local pressupõe uma concepção de poder e gestão integrada dos territórios.

9

Poder global

A economia global introduziu novas formas de poder. Russell (1941:8-9) procurou demonstrar que o "conceito fundamental das ciências sociais é o poder, assim como a energia é o conceito fundamental da física; o poder, como a energia, está constantemente passando de uma à outra de suas formas". Em todas as organizações públicas e privadas, a questão do poder é fundamental para o exercício da ordem, da disciplina, do trabalho, das novas relações sociais e econômicas. A globalização inovou as formas produtivas e as relações de produção que mudaram as relações sociais e exerceram profunda influência nas manifestações culturais. Novas formas de poder e, conseqüentemente, de gestão, emergem, regularmente, da economia global e dos agentes econômicos que a protagonizam; são os atores sistêmicos nos cenários comandados pelas técnicas e pela racionalidade produtiva.

O poder representa, legitimamente, a possibilidade de alguém, dele investido, impor a sua vontade sobre o comportamento de outras pessoas. É a capacidade de uma ou mais pessoas, segundo Weber (1954), de impor sua vontade. Galbraith (1984) assegura que esta é, quase, certamente, a noção mais comum; alguém ou algum grupo está impondo sua vontade e seu(s) objetivo(s) a outros, inclusive aos que se mostram relutantes ou contrários. Quanto maior a capacidade de impor tal vontade e atingir o correspondente objetivo, maior o poder. É pelo fato de possuir o poder um significado tão ligado ao senso comum que a palavra é empregada tão freqüentemente sem maior necessidade, aparente, de definição. Contudo, em determinados momentos, quando atores põem em risco o poder legitimamente constituído, e representado no topo da estrutura organizacional, torna-se oportuno lembrar que a ruptura, por desobediência ou inversão de atos de vontade, na verticalidade própria do poder, acaba provocando o caos e a desordem.

As fontes do poder são: a personalidade, a propriedade e a organização, Galbraith (1984). A personalidade é o fundamento básico para o exercício do poder, pois, quando necessariamente forte, assegura os fluxos de vontade ao longo da coluna vertebral dos níveis hierárquicos e da autoridade de escala. A propriedade (nas organizações privadas) e a representatividade (nas organizações públicas) são fontes naturais de poder, gerando atos de gestão que representam uma conduta real, e não meramente declaratória. A organização, por sua vez, é estruturada numa escala de poder, cuja seqüência vertical constitui o sistema de administração ordenado. Foucault (1996:179) tentou discernir os mecanismos existentes entre dois pontos de referência, dois limites, nos estudos que desenvolveu sobre o poder: "por um lado, as regras do direito que delimitam formalmente o poder e, por outro, os efeitos de verdade que este poder produz, transmite e que por sua vez reproduzem-no. Um triângulo, portanto: poder, direito e verdade".

A dialética dos poderes político e econômico estabelece as bases para as formas de gestão dos territórios. Para Foucault (1996) a sociedade não mudará se não forem modificados, em nível muito elementar e cotidiano, os mecanismos de poder que funcionam fora, abaixo e ao lado dos aparelhos de Estado. Embora para Foucault e Russell os modelos econômicos não tenham modelado o poder até o século XIX, é inegável a crescente influência do poder econômico na sociedade capitalista industrial a partir de fins do século XIX. Na verdade, em plena era industrial a integridade do poder, legitimado no direito e na verdade sistêmica, é a garantia da própria integridade das organizações.

No âmbito das nacionalidades, a partir, principalmente, dos anos 1990, acompanhando a revolução das técnicas e a globalização econômica, o poder passou por rápida e substancial transformação. Antes da revolução informacional e das estratégias globais, o poder nacional reconhecia três âmbitos bem definidos: os poderes político, social e econômico. O poder político foi representado por um Estado forte, com personalidade marcante, voltado para o desenvolvimento interno. O poder social apoiava-se no Estado de bem-estar, sustentado por ações políticas que permitiram erguer um conjunto de códigos sociais representativos do contrato social. O poder econômico, derivado do valor do capital e da produção, tinha uma forte vertente nacional representada, principalmente, pelo processo de industrialização e pelas empresas estatais estratégicas na área de infra-estrutura. Contudo, uma nova concepção de poder ganharia força com a mudança dos procedimentos econômicos na esteira da reestruturação do capitalismo. A abertura econômica, com a conseqüente aplicação indiscriminada do modelo neoliberal global, provocou uma verdadeira apostasia em relação à trilogia de poder na ordem interna nacional. Os poderes político e econômico tornaram-se mais interdependentes que nunca, enquanto o poder social sucumbiu, tornando-se excludente, configurando um tempo pós-social.

O Estado instrumentou as práticas econômicas globais, perdendo, porém, poder diante da condição de transnacionalidade produtiva e financeira, particularmente, a financeira especulativa. O poder político representativo da soberania nacional foi submetido à transnacionalidade dos interesses multicorporativos externos. Cable (apud Bauman, 1999:77) afirma que vivemos "um mundo onde o capital não tem domicílio estabelecido e os movimentos financeiros estão em grande parte fora do controle dos governos nacionais". A transnacionalidade das forças produtivas enfraquece o poder do Estado, criando e ampliando condições que tornam a dependência uma racionalidade não deliberada. Von Wright (apud Bauman, 1999:77) destaca, por sua vez, que "as forças que impõem poder de caráter transnacional são em parte anônimas e, por isso, difíceis de identificar (...) Não conformam um sistema ou uma ordem unificados (...) Por essa razão se tornam aglomerações de sistemas manipulados por atores em sua maioria invisíveis".

A realidade confirma a teoria. O poder político está dominado pelo poder "invisível" introduzido pela globalização. As forças do mercado, as superforças, evidentemente, exercem poder sem ser identificadas, como no caso dos chamados investimentos externos. É o poder anônimo que se faz sentir e atua acima das soberanias nacionais. O cenário do poder global é alimentado pelo fato de serem os centros de significados e valores extraterritoriais, comandados pelo poder "invisível" como sugeriu Bauman. Mesmo para uma realidade bem diferente da atual, Russell (1941:92) dimensiona bem o poder econômico: "dentro de um Estado, o poder econômico, embora derivado, em última análise, do Direito e da opinião pública, sempre adquire facilmente certa independência. Ele pode influenciar a lei e a opinião pública pela propaganda; pode reduzir a liberdade de ação dos políticos; pode jogar com a ameaça de uma crise financeira".

Em outra vertente, as grandes corporações multinacionais condicionam a instalação de unidades em territorialidades nacionais, desde que sejam observadas condições de favorecimento. Embora o interesse no mercado consumidor seja o verdadeiro mote das estratégias globais, passa-se a idéia de que a presença do capital corporativo deve ser contemplada com privilégios fiscais e de financiamento, por serem a principal via ao processo de desenvolvimento. Instalado a partir da dialética do poder econômico, o espaço produtivo construído libera forças de poder e influências de poder. A gestão dos lugares globais é territorializada, nacionalmente, para a produção e desterritorializada para efeito de fluxos e manifestações de poder.

Se não existe poder, mas práticas de poder, como afirma Foucault (1996), pode-se considerar que a globalização é responsável por práticas e relações de poder próprias; o poder passa a ser algo que se exerce, que se efetua, que funciona, conforme o autor. Ora, se a economia global e as tecnologias da informação produziram uma sociedade em rede é consensual que o poder está igualmente em rede, ou seja, há uma rede de poder que flui pelas mesmas vias das redes que produzem relações econômicas. Concretamente, há um poder latente nas relações políticas, econômicas e sociais cuja manifestação tem uma dependência circunstancial. Sempre que se criar uma circunstância em que se confronte dois interesses, prevalece o que tem mais poder, isto é, aquele que dispõe de uma base política, econômica ou social mais forte. Como o poder não é uma entidade real, ele se torna um atributo de quem representa uma situação concreta. O poder pode ser individual, investido em uma pessoa representativa de uma ordem política, econômica ou militar. Mas tem, sempre, o sentido coletivo de uma ordem instituída: poderes político, militar, econômico, revolucionário, reivindicatório etc. No plano puramente individual é o desejo de cada pessoa de impor sua vontade a outra(s). A força do poder individual — atributos pessoais — pode evoluir para um poder de coletividade, tanto do ponto de vista econômico quanto político.

A economia global oferece outra característica do poder, resultado da multipolaridade dos centros e das sedes da ação econômica: o poder sem centro (Touraine, 1999). Os centros da ação econômica geram fluxos de poder pelas redes que interligam os diferentes interesses empresariais. Dos centros para as sedes e destas para os sistemistas, distribuidores e lugares de consumo, os fluxos de decisão e vontade, que dão forma à concepção de poder, envolvem toda cadeia de produção, circulação e consumo. Cada escala da rede é ao mesmo tempo um ponto de submissão e outro de manifestação de poder. Cada contexto é organizado em sistemas de forças que representam um grau de poder que é a um só tempo subalterno e superior. Portanto, o poder é em todas as organizações uma subjetivação de vontades pessoais ou coletivas com suporte em hierarquias de comando; a partir de determinados momentos é transformada em objetivação de mando, sempre que as circunstâncias assim o exigirem. Um comandante exerce seu poder sobre os subordinados quando os fluxos de decisão devem ser repassados na escala hierárquica; da mesma forma nas estruturas burocráticas, principalmente naquelas excessivamente verticais.

No mundo econômico o poder forma-se, como estrutura relacional, em ambientes de grande complexidade, principalmente na era da economia informacional. O que flui pelas infovias é uma nova forma de poder, impessoal e horizontal, racional e sem normas inflexíveis; é o poder virtual, distante e instantâneo ao mesmo tempo. O poder na economia global se exerce sem confronto pessoal, sem determinação direta entre pessoas; são, na verdade, fluxos de informação que geram ações práticas, carregadas de poder intrínseco.

Do espectro da economia global é possível retirar formas de poder que não são transparentes, mas têm grande força de ação. A poderosa rede do crime organizado global é fonte de um poder que se manifesta de diferentes maneiras. Tanto pode representar ações puramente criminosas, como outras diretamente vinculadas com a economia legal. O poder do dinheiro especulativo, que se movimenta pelas bolsas do mundo, exerce um domínio sobre as estruturas financeiras dos países, aprofundando os fossos da dependência. São formas espúrias de poder que, pelo domínio e pela dependência, criam subordinações macroeconômicas nos Estados-nações. Não há como fugir aos chamados ataques especulativos do poder financeiro dos investidores externos. É um poder sem face, sem centro como afirma Touraine (1999), sem vínculos com as nacionalidades e muito menos com as questões sociais. É um poder financeiro que visa apenas lucratividade rápida, máxima e de curto prazo.

A globalização é um poder dialético, real e imposto. A globalização é um poder econômico amplo, irrestrito, ideológico e armado. A estrutura econômica mundial representa uma ideologia que é sustentada por um poderoso braço armado. A economia global é do interesse das nações hegemônicas, minoritárias e dotadas de um poder de persuasão sem contraposição. Esse poder se materializa nos acordos, nas concessões e nos privilégios só aceitos pela condição de dependência das economias capitalistas periféricas. Os países periféricos têm consciência das vantagens apenas unilaterais do alinhamento, porém o estado de dependência (econômica, tecnológica e cultural) acaba por submeter vontades e decisões que se escondem sob o manto do poder maior. A globalização, ao globalizar a riqueza e localizar a pobreza, colocou uma dualidade: o poder de exercer o poder e o poder de se submeter ao poder. Isso significa que o poder global se exerce sobre as pontas do sistema econômico e nelas se configuram os ambientes de submissão. Os investimentos externos e as crises cambiais que marcam indelevelmente a atualidade mostram essa realidade da forma mais transparente. A figura 13 identifica a relação poder global e forças do mercado.

Figura 13

Gestão do território pelas forças irradiadas do poder global, via poder do mercado e do poder político

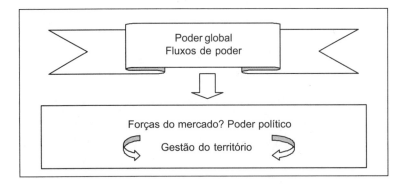

10

Estado-nação e poder transterritorial

Um grande questionamento surge em tempos de globalização: o papel a ser desempenhado pelo Estado-nação. O Estado nacional é uma instituição formada em bases territoriais e em torno de um povo e seus símbolos, que representa, historicamente, um poder nacional de outorga das leis e dos códigos de conduta. A vida nacional sempre se realizou em torno do Estado-nação, seus poderes, sua territorialidade, sua organização social, econômica e cultural. Ainda que submetido a influências ou dependências externas, o Estado nacional deteve o poder sobre as atividades internas e, sobretudo, a construção do processo de desenvolvimento. Os Estados nacionais, mesmo na periferia do sistema capitalista, impulsionavam atividades econômicas a partir de investimentos na infra-estrutura. Nos últimos 50 anos, o Brasil e outros países periféricos investiram pesadamente em estruturas energéticas e de telecomunicações, formando estatais estratégicas de suporte ao desenvolvimento. Também na siderurgia, nos recursos minerais e no petróleo, os Estados nacionais se mantinham como agentes do poder econômico interno, sem, contudo, se afastarem da definição ideológica do sistema.

A modernidade transterritorial produziu ambientes de rupturas não só na ordem externa como na ordem interna de cada nacionalidade. Nada mais natural, pois a noção de globalidade implica admitir-se que a ordem interna e externa acabe por formar uma unidade de ação. Essa unidade é basicamente econômica; embora a ação política interna seja a ela convergente há uma nítida posição subjacente diante dos poderes da ordem externa. Na convergência, perde poder o Estado-nação a partir do momento de sua inserção na transterritorialidade da ação econômica. Os principais ativos nacionais, incluindo os de natureza estratégica são transferidos à ordem externa, o que significa perdas nos comandos internos. Diante da cena externa, portanto, o Estado nacional periférico, o que se situa na orla do sistema de comando da produção, das trocas e da acumulação de capitais, dependente na estrutura financeira e tecnológica do ordenamento econômico internacional, incorpora-se à realidade global com perdas inclusive de soberania. Trata-se, na verdade, de uma incorporação induzida pelas forças do poder econômico extraterritorial. A conseqüência natural é o Estado República tornar-se progressivamente um agente do consórcio de interesses dos mercados externos, afastando-se progressivamente do contexto social interno.

Os meios institucionais das nacionalidades dependentes instrumentam a realização de políticas voltadas aos mercados, onde domina o poder transterritorial. O mercado, um ente abstrato e de interesses subjetivos, transparece uma sensibilidade aguda a eventos políticos internos. Estabilidade e credibilidade são subjetivações favoráveis à normalidade operacional dos mercados. Os aparelhos institucionais, principalmente os responsáveis pela condução da política fiscal e monetária, voltam-se permanentemente para além do horizonte interno, representando a garantia da sensitividade às subjetivações indispensáveis às estratégias de resultados. O viés estatal da República, a organização burocrática e a estrutura de poder, tornam-se uma ordem institucional preposta aos empreendimentos econômicos de caráter transterritorial.

A partir do momento político no qual se viabiliza a opção de entrada no circuito da geoestratégia econômica global, o Estado condiciona-se às novas relações entre ele, os centros e as sedes do poder transterritorial. O cenário do qual passa a fazer parte tem regras rígidas de comportamento, garantidas por contratos de conveniência. Agir fora dos horizontes contratuais pode desencadear retaliações comerciais, financeiras e políticas. Iniciativas de políticas externas contrárias ao arranjo global estabelecido pelas supremacias econômicas não têm efeito prático. Ações de multilateralismo na orla do sistema econômico global têm importância menor; é um espetáculo político de efeito apenas interno.

Envolvido numa agenda monetária externa, o Estado incorpora-se à dialética global de exaltação dos resultados do crescimento econômico. Ele próprio é o principal agente do crescimento econômico, dos resultados da banca financeira e da credibilidade que sustenta um e outro. Esse contexto, no entanto, não repercute na sociedade nacional, ente simbólico representativo do sujeito pessoal e coletivo. O Estado (República) passa a ser um instrumento do sistema econômico transterritorial, distanciando-se, ou, apenas, perifericamente, ocupando-se das dificuldades, ansiedades e angústias do corpo social. A segurança — pessoal e coletiva — transmitida e garantida por meio de legislação social deixou de ser prioridade do Estado em sua ação política. Bem ao contrário, o Estado, agente dos poderes transterritoriais, afastou-se dos compromissos sociais com a nação, passando a agir como intermediário e fomentador das atividades econômicas e financeiras das grandes corporações globais.

A exaltação política dos indicadores econômicos de crescimento ocupa o tempo-espaço das chamadas agendas positivas, uma contraposição claramente ordenada aos dramáticos cenários da pobreza, miséria, violência e degradação das condições de vida. Se o Estado representou o abrigo seguro às garantias sociais instituídas, o que permitia ao sujeito individual e coletivo uma saudável margem de segurança era porque se tratava de uma atribuição a ele conferida pela própria sociedade. Estava clara a vinculação entre as obrigações do Estado e da nação, na cumplicidade de ações recíprocas. O sentido dual estava bem definido: a sociedade como fonte de recursos à manutenção e investimentos do Estado; esse, uma forma de organização pública e principal responsável pela elaboração e execução da política de desenvolvimento. O Estado, representado por três poderes institucionalmente independentes, era o fiel depositário da segurança, garantia de direitos, qualidade na formação do cidadão, proteção pública à saúde e melhoria permanente da condição de vida. Esses pressupostos do Estado se mantiveram até o crepúsculo da sociedade unitária — Estado/nação — ainda que em suas estruturas organizacionais, na hierarquização dos poderes, estivessem, preferentemente, representantes de segmentos privados, com discursos contrários à forte presença do poder estatal na ordem social. Eram visíveis as contrariedades, geradoras de posicionamento dicotômico na corporação nacional, porém, mantinha-se a unidade pela necessidade de equilíbrio interno. O público e o privado tornaram-se forças opostas, mas, singularmente, interligadas nos interesses comuns. Nos cargos executivos, na representação parlamentar e nos tribunais, os projetos de leis, as leis e a interpretação e aplicação das leis refletiam a preocupação com o balanço social. Os nós seriam desatados e não cortados. Os interregnos viriam com a quebra das razões institucionais, pela força militar ou revolucionária, sendo, contudo, marcadas por temporalidades reversíveis.

O Estado não mudou sua estratégia de ação por um princípio de modernidade, de aperfeiçoamento institucional e maior eficiência na ação social. Ao contrário, o Estado afastou-se da nação para inserir-se na ordem global, a que emergiu com a transposição da modernidade industrial à modernidade cibernética. O Estado não mudou ou inovou sua vinculação com a nação, uma interação de origem, de caráter político e de consciência nacional. Na verdade, manteve-se em seus poderes implícitos, e além, arrogou-se em outros impositivos à sociedade em benefício da ordem externa, da qual passou a fazer parte como agente estatal a serviço da credibilidade e da segurança aos investimentos externos. O aparelho estatal mergulha profundamente no mundo dos agronegócios, dos investimentos, das aplicações, das exportações, no mercado de dívidas, enfim, numa multifacetada ação econômico-financeira, origem dos indicadores de crescimento.

O Estado muda as estratégias voltadas às atividades privadas e a seu próprio poder arrecadador; para a nação, contudo, é preciso cumprir as subjetividades de estabilidade e credibilidade à visão e aos interesses do ordenamento global da economia. Nesse contexto da relação Estado/nação a mudança na ordem interna pode representar um risco afetando as duas subjetividades. Para mantê-las, o Estado vê-se às vezes na contraditória necessidade (impositiva) de mudar, mas, o que muda, na verdade, é, apenas, o rito interpretativo do condutor legal, levando dramaticamente ao interdito de direitos antes assegurados. Dessa forma, a postura política do Estado executivo flexibiliza-se ao comprometimento com os pressupostos da segurança social.

A mudança de época trouxe a ruptura no papel do Estado. O dispositivo institucional que o vinculou intimamente à nação enfraqueceu, e, pressionado pela ordem extraterritorial, o Estado assumiu a postura de guardião dos interesses externos. Ao privatizar os principais ativos do patrimônio estratégico à dimensão transterritorial, o Estado ficou frágil, arrastando à vulnerabilidade o poder da nação. Ao abrir mão de controles sobre os pilares da economia nacional, o Estado, usando artifícios da dialética global, não só ficou distante dos resultados propostos à nação, como agravou os problemas internos relacionados à infra-estrutura e à condição social da população. Um Estado sem patrimônio, debilitado nos poderes internos e na soberania, preso e submisso aos mercados de dívidas públicas, pouco ou nada realmente pode fazer em benefício da nação. Concomitantemente à debilidade intrínseca do Estado-nação foi produzida, até certo ponto de modo natural, a vulgarização política, a mediocridade na representação eletiva e o culto a dispositivos autoritários na tentativa de monitorar as vozes da nação. Esse fenômeno de ordem política tem duas variáveis analíticas importantes: o nível da maioria votante, situado quase sempre na linha de pobreza, ou abaixo dela, e, conseqüentemente de baixa formação; a ascensão da esquerda ao poder, mesmo pela via democrática, carregando, ainda, um forte viés autoritário e totalitarista, herança das passadas democracias revolucionárias. Dessa forma, o Estado não só exime-se de sua cumplicidade com a nação, em termos de desenvolvimento, bem-estar e segurança, como contra ela se volta, agredindo-a com pesada carga tributária e controles instituídos ou não da consciência livre. Estabelece-se, como primordial à ação do poder público, a lógica do conformismo e da aceitação de um único ideário. Embora a padronização do produto humano já tenha sido tentada em passados distantes e recentes, como tentativa totalitária, ela sempre está de volta, como voltaria até mesmo no *Admirável mundo novo* de Huxley (1980:20). Os Estados retardatários, modernos e pós-modernos, se identificam no uso da propaganda, poderosa arma de convencimento de massa. A verdade que transparece nas formas totalitárias, e mesmo em algumas democráticas, é apenas a desejável; a inconveniente fica encoberta pelo manto do silêncio.

Os Estados mais poderosos dispõem de fortalezas de poder público, cuja hierarquização é dominada por representantes prepostos do poder econômico. Dessa forma, o Estado torna-se um agente de interesses privados, industriais, mercantis e de serviços, com retornos sempre restritos ao conjunto da nação. Ações militares de vulto, de domínio ou punitivas, formam a vanguarda de geoestratégias globais, impositivas aos Estados-nações enfraquecidos, desintegrados ou não-submissos. Ao mesmo tempo estendem um poder de proteção política, sob o guante da democracia liberal, à orla sistêmica.

Em todos os níveis de nações, desenvolvidas ou não, quando os problemas internos se tornam agudos, em razão do ordenamento global, as ações do Estado se voltam rapidamente contra o contexto social, suprimindo-lhe benefícios antes de aprimorá-los. Os níveis de segurança social garantidos pelo Estado de bem-estar social tornam-se objeto de restrições, provocando reações nos diferentes segmentos da população. Não são os gastos em armamento, a sonegação fiscal, a corrupção, os abusivos benefícios fiscais e os enormes custos do endividamento que se tornam passíveis de medidas orientadas à segurança dos recursos públicos. Logo, são os dispositivos sociais a serem penalizados, consagrando-se a antinomia entre o Estado e a nação. O Estado tornou-se um grande poder, não o poder da nação, mas dele próprio, orientando sua aparelhagem arrecadadora para se auto-sustentar, e atender os compromissos e interesses do mercado de dívidas públicas. O superávit primário, para o grupo dos dependentes, não é suficiente sequer ao atendimento do custo do endividamento, o que agrega ao volume da dívida encargos de renovação e os de novas fontes de captação de recursos.

Estado e nação entram na modernidade transterritorial e cibernética com forças e lógicas diferentes. O Estado com a irresistível tendência ao totalitarismo, reduzindo a importância do sujeito individual e coletivo, homogeneizando as expressões de liberdade e democracia. A nação, subjacente aos poderes que a dominam ou oprimem — poder do Estado, poder do mercado — é uma órfã movimentando-se nos desvãos da totalidade nacional e das fragmentações transterritoriais.

O Estado nacional sempre teve uma base social solidamente estabelecida. Conquanto as desigualdades profundas, as preocupações sociais sempre estiveram na linha de frente da ação governamental. Na última década do século XX, porém, ganhou impulso a discussão sobre a reforma e modernização do Estado. O caráter ideológico dominou o debate durante o auge das mudanças na ordem econômica mundial. O ideário global e neoliberal colocou-se em rota de colisão com o Estado social. As conquistas sociais foram caindo progressivamente ao peso da pressão exercida pelo poder econômico global. As transformações promovidas pela internacionalização das economias nacionais conduziram a mudanças substanciais no desempenho do Estado como gestor social.

As economias de mercado sempre tiveram um comportamento dúbio em relação ao poder do Estado-nação. Lebrun (1999:80) lembra que "ao tornar-se predominante, a economia de mercado precisa de um poder capaz de manter as condições do seu funcionamento natural. Porém, esta função é considerada como sendo puramente negativa: do ponto de vista dos atores sociais, o mando político é uma tarefa subalterna". Na economia neoliberal a aversão pela presença do poder de Estado na economia chegou ao extremo, abalando os fundamentos do ordenamento público. A inserção na economia global correspondia à drástica diminuição no tamanho do Estado, à desregulamentação econômica, à redução da burocracia e ao excesso de normas e a conseqüente passagem das hierarquias verticais às horizontais, em formatos de redes.

O tamanho e o peso burocrático dos Estados nacionais periféricos são, contudo, herança e contingenciamento histórico. Para o novo mundo, particularmente latino-americano após a conquista, transferiram-se as estruturas dos Estados conquistadores. Após a independência, a força dos Estados-nações cresceu em função das novas obrigações sociais e econômicas, exigindo uma estrutura ampliada de poder. Por outro lado, certas circunstâncias na evolução histórica determinaram uma presença mais forte do poder do Estado, tanto em questões de ordem política quanto econômica. É ao Estado que recorreram, sempre, os produtores e trabalhadores nos momentos de crise, seja no âmbito interno, seja nas crises externas.

Representantes da iniciativa privada sempre serviram como agentes do poder público, colocando-o a serviço dos interesses do setor rural, durante longo período, ou do setor industrial, mais recentemente. Essa simbiose política entre o público e o privado tornaria, claramente, o Estado um poder público a serviço dos interesses privados. Ainda, assim, o Estado como poder público comportou-se como Estado social, na contradição ideológica. Mantida mesmo com as crises institucionais, essa condição acabou por sustentar-se até o início do processo de globalização econômica. Variáveis importantes passaram a compor o novo cenário da economia, tanto no campo ideológico quanto no das relações de produção e divisão internacional do trabalho.

O fim da bipolaridade político-ideológica favoreceu a doutrina neoliberal de domínio exclusivo do capital, seja de caráter produtivo ou especulativo, seja de caráter legal ou oriundo do crime organizado. O capital no reino da economia global, considerando na análise a relação capital-trabalho, não mais necessita de confronto com o seu oposto, o social. Chegou-se mesmo à identificação de uma era pós-social, em vista da perda de impulso dos antigos Estados de bem-estar social. É natural que o contexto global repercutiria internamente nos Estados-nações que se abriram às concepções econômicas da globalização. Seguiram-se, por conseqüência, conflitos sociais de vulto, exigindo dos Estados enfraquecidos socialmente, um poder de repressão maior em defesa da articulação econômica global. Assim, o poder dialético de convencimento e o poder de força repressiva passaram a representar o novo papel do Estado-nação em relação ao poder global; representação, na verdade, de um poder subalterno.

A realidade global a um só tempo enfraquece o Estado nacional e o fortalece quando associado aos blocos econômicos e, em alguns casos, como parte de blocos políticos instituídos. O poder econômico deixa de ser emanado de um único Estado-nação para ser representativo de uma região econômica, ou, como quer Ohmae (1996) do Estado-região. Os blocos seriam, assim, Estados-regiões de maior ou menor poder econômico, mas muito acima dos poderes unitários dos Estados-nações.

Na economia global o poder se concentra em dois grandes pólos, representados pelos EUA e a União Européia. Articulados, esses blocos formam o grande centro do poder econômico e político, apoiados por um poder militar sem precedentes. A UE não é apenas um bloco econômico; trata-se de uma grande e complexa estrutura política, com parlamento próprio, moeda única, ministérios e um grande aparato militar de sustentação. A força de reação rápida da UE conta com dispositivos de alta tecnologia, além do poderio atômico de alguns membros. Esse grande pólo de poder mundial mobiliza estratégias globais que asseguram o domínio sobre os mercados regionalizados.

Embora as regiões representem a multipolaridade produtiva global, como sedes da ação econômica, os centros do poder econômico estão firmemente localizados na tríade global. Os grandes investimentos globais partem dos EUA, dos países da União Européia e do Japão. As aplicações superam US$ 12 trilhões, o que representa um extraordinário poder e influência de poder sobre os países dependentes. Não há como contestar tal poder. Adicionando-se o conjunto de transferências de ativos do setor bancário e das empresas públicas das áreas de telecomunicações e energética ao domínio do capital estrangeiro, é fácil concluir que uma enorme fatia do poder nacional se deslocou para o exterior, e com ela a gestão desterritorializada do território. Essa desfiguração do poder do Estado-nação é uma realidade incontestável e coloca a questão da transferência de parcelas significativas do poder público para o poder privado internacional.

As crises cambiais dos últimos anos no México, Brasil e Argentina, as maiores economias da América Latina, mostraram não apenas o grau de dependência das potências hegemônicas, mas, principalmente, a submissão aos modelos de ajustes fiscais recomendados, e de certa forma impostos, por organismos internacionais de socorro financeiro.

O poder é um exercício de mando; é a imposição de medidas decisórias; manda e impõe, ou seja, exerce poder, quem tem mais poder. No outro lado do crescente poder econômico global estão, também, em escala crescente, os frágeis e submissos Estados nacionais.

Na análise da relação entre o Estado-nação e o poder econômico global pode-se considerar o plano interno e o plano externo. Nos anos da globalização desmoronaram sucessivamente os gigantes do poder nacional. As federações de indústrias, particularmente a de São Paulo, que detiveram, até os idos de 1990, um grande poder de influência sobre as políticas econômicas públicas, hoje estão esvaziadas ante o poder dos novos atores internacionais. Também os sindicatos, ABC paulista e outros, igualmente, não têm mais a mesma força dos anos de glória das grandes batalhas salariais, das grandes concentrações de metalúrgicos e das lideranças que ocupavam espaços generosos na mídia e na política.

As novas unidades de produção industrial, robotizadas e informatizadas, retiraram dos sindicatos o seu principal trunfo, a dependência das unidades de produção da massa de trabalhadores. Essa antiga condição ficou como uma lembrança da era industrial, um passado recente que ainda transita em alguns segmentos da economia dos países periféricos. O poder interno do Estado-nação foi perdendo impulso diante das mudanças no cenário político, econômico e, muito especialmente, financeiro, alterando o equilíbrio das forças internas de sustentação nacional. Essa perda de impulso interno foi em parte resultante do comprometimento político dos Estados-nações com as forças da economia global.

A abertura econômica, as privatizações, os financiamentos internos aos investimentos externos, os benefícios fiscais e as renúncias fiscais, a proteção aos duvidosos capitais de curto prazo que entram e saem das bolsas, provocando crises cambiais sucessivas, e também ilusões sucessivas são práticas que consolidaram a globalização. Enfim, todo um contexto de mudanças na formulação das políticas econômicas internas em função dos investimentos externos, não poderia resultar senão na desestruturação interna, atingindo, profundamente, o campo social.

O Estado nacional, além do poder das grandes corporações multinacionais enfrenta também poderosos organismos externos que podem a qualquer momento estabelecer restrições às exportações ou encarecer as importações, com reflexos desastrosos internamente. A Organização Mundial do Comércio (OMC), a Opep, o FMI, o Banco Mundial, o G-7 são organismos poderosos, com influências decisivas nas políticas internas, quando não de interferências indevidas na tomada de decisões. O poder do Estado-nação, o controle que exerce sobre as economias nacionais, não mais resiste aos ímpetos dos fluxos externos, tanto de capitais quanto de serviços, tecnologias e informação. As crises nacionais já não são discutidas no plano interno de cada país, mas com os organismos internacionais que sujeitam a liberação de empréstimos salvadores a medidas de ajuste fiscal, sempre com restrições sociais. Organismos como o FMI e o Banco Mundial destacam prepostos que se instalam no âmago do poder dos países em crise, decidindo o que fazer e como fazer. Perdendo o poder de intervir na economia, e sobre ela manter controle, cada Estado-nação passa apenas a administrar as decisões e influências do poder econômico global.

Se o Estado nacional é um centro de poder, e se esse centro se esvazia diante de uma ordem econômica sem fronteiras, talvez possamos entender melhor Giddens (1989:12), quando afirma que "a ação envolve logicamente poder no sentido de capacidade transformadora". Talvez aí resida um dos aspectos mais importantes da análise sobre o atual Estado-nação. A capacidade de mudança nos países que passaram por séculos de colonialismo e, presentemente, fazem parte do grande grupo dos dependentes, é extremamente restrita, o que os coloca na periferia do sistema econômico global.

O capitalismo, nas duas últimas décadas, passou por profunda reestruturação conduzida pelas técnicas e pelas inovadoras concepções de gestão. Passivos, os Estados nacionais na orla capitalista ficaram à espera que os ventos da globalização viessem bater às suas portas; essas, então, foram abertas indiscriminadamente, deixando passar toda sorte de ações impositivas. O choque foi inevitável: a nova ordem global *versus* as antigas estruturas políticas e econômicas. As portas e janelas escancaradas permitiram que os fluxos de investimentos, produção, serviços, financiamentos e, naturalmente, poder se instalassem e dominassem o antigo poder representado pelos Estados nacionais. As estratégias globais das grandes corporações multinacionais, a sociedade global em rede, a regionalização, a informação e o multilateralismo formaram como que uma nova identidade, global, que pode ou não se compatibilizar com as identidades nacionais.

Em mais esse choque de poder enfrentado pelos Estados nacionais, perde-se, sem dúvida, parte da identidade própria, comprometida, muitas vezes, pelos fluxos da informação e das imagens que circulam, sem fronteiras, pela imaterialidade dos códigos e dos sinais. Pela via dos satélites e pelos cabos de fibra óptica, um renovado arsenal de valores e significados invade continuamente lugares e mentes, mudando as razões e os sentimentos, vulnerando antigos baluartes das identidades nacionais. Fica a grande questão: caminha-se para uma identidade global acompanhada de um séquito de pequenas identidades nacionais?

A identidade global parece formar-se no âmbito da economia, enquanto as identidades nacionais são produtos dos processos sociais. Berger e Luckmann (1998:228) situam a questão nos seguintes termos: "a identidade é evidentemente um elemento-chave da realidade subjetiva, e tal como toda realidade subjetiva, acha-se em relação dialética com a sociedade". Para os autores, a identidade é um fenômeno que deriva da dialética entre o indivíduo e a sociedade. Ora, essa dialética também sofre as influências das relações dos fluxos globais. Até onde, portanto, as identidades nacionais, frutos dessa relação dialética indivíduo/sociedade se manterão no cenário das transformações globais? Mudaram, a partir da última década, tanto a estrutura social quanto as relações sociais; mudanças que certamente têm provocado modificações na concepção de identidade nacional. Essa, certamente, se mantém, porém os valores que a categorizam mudam com as influências dos processos globais.

A previsão do que irá acontecer no futuro imediato e nos sucessivos futuros em termos de identidades nacionais é uma impossibilidade lógica. O certo, contudo, é que as novas técnicas incorporadas ao cotidiano, certamente produzirão as novas mudanças estruturais, os novos estilos de vida, as novas formulações de valores e significados que sucederão o presente. Como o Estado nacional se comportará diante desses impulsos movediços em tempos novos, de menor duração e de maior transformação? A evolução das técnicas irá imaterializando cada vez mais os fluxos e neles incorporando um poder latente cada vez maior. Mas no *continuun* de mudanças que caracterizará o futuro imediato transparecerá, com maior intensidade, uma nova dicotomia: os que estão mais avançados e os retardatários. As ações de poder, sem dúvida, pesarão mais sobre os retardatários da história.

A crise do Estado-nação só poderá ser contornada e mesmo superada com o fortalecimento das regiões transnacionais, o que já foi feito pelas potências hegemônicas, garantindo políticas econômicas integradas por um lado, e assegurando as identidades nacionais por outro. A União Européia é um brilhante exemplo. Os EUA, com todo potencial que dispõe, tiveram sua força e seu poder reforçados com o Nafta e mais adiante os terão, mais, ainda, na dimensão continental, com a possibilidade da Alca. O fortalecimento do Mercosul seria uma forma de assegurar mais poder de identidade nacional e poder em relação aos fluxos globais. A integração entre blocos econômicos poderá garantir aos Estados nacionais membros do Mercosul a saída de posturas passivas para uma condição global mais ativa e integradora. O futuro do Mercosul depende, contudo, da evolução dos acordos multilaterais com outros blocos econômicos e da instalação da Alca.

11

Gestão regionalizada dos territórios

Em todos os continentes foram criadas, a partir da segunda metade do século XX, formas de associação e integração regional. A integração regional passou a ser considerada uma maneira de fortalecimento dos países de determinada região, não-geográfica no sentido clássico, por meio de acordos de comércio e interesses recíprocos nas dimensões das relações internacionais. De alguma forma, começa a se delinear em várias partes do mundo, por meio de associação, união ou integração, a gestão regional, ou seja, a gestão do território transnacional delineado na geometria da integração. Essa tendência acentuada pelas geoestratégias globais não é só das grandes corporações internacionais como igualmente dos países que detêm as formas de hegemonia financeira, econômica, tecnológica, do conhecimento e da informação.

A integração regional não tem sido uma iniciativa apenas dos países periféricos às supremacias econômicas e políticas com a intenção de se fortalecerem nas negociações internacionais. As próprias supremacias tendem a se unir em blocos econômicos, visando assegurar maior participação no mercado internacional. O fortalecimento da integração intra-regional induz aos acordos e às alianças estratégicas entre os blocos.

A integração regional é um processo complexo, envolvendo acordos de comércio e identidades nacionais. Para que se concretize uma aliança ou uma integração de países num bloco econômico é indispensável rever conceitos de nacionalidade e de parcerias, mas, sobretudo, é necessário estabelecer as bases para uma gestão compartilhada dos territórios envolvidos no processo de integração. Para Vieira e Vieira (2004:124) "a organização de poderosas formas de integração multinacional configura um caráter regional à economia global, além de institucionalizar a formação de verdadeiros Estados regiões".

Há vários formatos regionais de integração, como o Mercosul, Pacto Andino, Nafta, Asean, Apec, a UE e outros. Vieira e Vieira (2004:124-125) complementam afirmando que o "poder de cada um deles está diretamente vinculado ao poder econômico dos membros componentes". Assim o Nafta, por exemplo, é liderado pelos EUA, o que equivale a um extraordinário poder de dominação e influência de poder sobre os demais blocos regionais. A União Européia é um organismo político e econômico singular, pois abriga algumas das maiores potências mundiais, tem parlamento próprio e uma moeda forte comum. Na Ásia evoluem dois grandes formatos de integração regional, incorporando poder econômico, financeiro, científico e tecnológico. A Asean e a Apec incluem economias fortes da Ásia e a Apec, particularmente, países não-asiáticos da orla do oceano Pacífico (EUA, Canadá, México, Chile). O poder que emerge intra e interblocos passa a ser compartilhado segundo parâmetros econômicos, sociais e culturais, criando formas de poder e, conseqüentemente, formas de gestão dos territórios.

A forma de integração e gestão regional que alcançou maior grau de compartilhamento econômico, político, financeiro e cultural é a União Européia. Mesmo com as dificuldades oriundas da discussão e aprovação da carta constitucional européia, o bloco conseguiu unificar a moeda e padronizar grande parte da produção, segundo regras rígidas de qualidade. Nesse sentido, a gestão dos territórios nacionais e do território do bloco como um todo, tem um compartilhamento gerido pelo Parlamento Europeu. As demais associações e acordos de integração seguem regras de convivência estratégica conferidas por acordos entre as partes.

Recentemente (2003) o Japão e a Asean lançaram um grande projeto regional visando a criação da Comunidade da Ásia Oriental. Em 2004 seis nações asiáticas (Índia, Tailândia, Miamar, Sri Lanka, Butão e Nepal) estabeleceram as bases para uma Zona de Livre-Comércio. Em 2002 foi assinado em Lomé (Togo) o Tratado Preliminar de Formação da União Africana. O processo de integração como se pode observar cruza países em associações; são acordos respondendo aos interesses regionais e disputas competitivas na economia global. Há países e áreas de grande complexidade para o estabelecimento de acordos, como o Oriente Médio e a Rússia. A Rússia tenta uma aliança estratégica com a União Européia, tanto nas temáticas econômicas quanto nas culturais, já que na Europa (inclui a Rússia européia) é forte a prática do multiculturalismo. A África do Norte e do Sul, a Austrália e a Oceania também procuram acordos de integração regional e acordos de integração com outros blocos, principalmente os mais fortes. A figura 14 ilustra as vinculações da gestão dos territórios com os interesses dos países e blocos econômicos.

Figura 14
Contexto básico da gestão integrada dos territórios

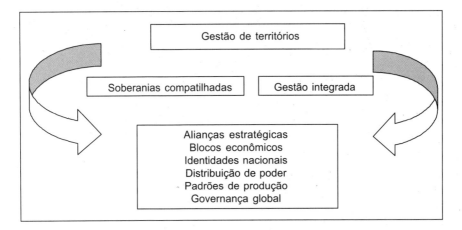

12

Interatividade e gestão compartilhada dos territórios

Nos espaços geoestratégicos globais emerge o poder de gestão compartilhada. Os lugares sedes da ação econômica global incorporam áreas de influência de poder que se refletem na gestão do território. O lugar global, produto de concessões políticas diante das estratégias das grandes corporações multinacionais, se torna um território de manifestações de poder em formas e intensidades correspondentes à tipologia e escala da ação econômica. Embora o caráter excludente da economia global em relação ao poder político nacional e local, há, inegavelmente, um momento de negociação e concessão que permite a instalação das novas formas espaciais correspondentes aos interesses das estratégias globais.

Os centros do poder político concedem à fragmentação dos territórios os espaços globais, incentivando a articulação em termos de gestão do território. Isso significa que ao se formarem círculos de poder nas novas formas espaciais propostas pela globalização, cada um deles teria sua parcela de participação na gestão do território. Essa articulação entre o global e o local pressupõe uma concepção de poder compartilhado entre as diversas categorias jurídico-administrativas dos novos espaços econômicos ou dos espaços em redefinição.

Há duas situações que definem categorias de gestão para os territórios. Uma como um produto da estruturação de espaço produtivo por concessão pública. São áreas desapropriadas e nelas instaladas unidades de produção, em formato definido por um tipo de estratégia global. O poder público negocia com as grandes corporações multinacionais e participa dos projetos com a execução de obras de infra-estrutura e condições contratuais geradoras de benefícios fiscais. Nas etapas iniciais da construção do novo espaço industrial se manifestam os poderes estaduais e municipais e as influências de poder do capital privado investido, delineando relações de produção, de trabalho e com o poder público inerentes. Assim, na prática se efetiva a influência do poder econômico global, tornando-se cada vez mais decisiva ante os complexos problemas de gestão do território. Forma-se, dependendo da categoria produtiva implantada, fragmentação e compartimentação de poder e gestão, como no caso específico dos condomínios industriais estruturados em modernas bases tecnológicas.

A gestão é centralizada na unidade-pólo do sistema e se irradia pelos sistemistas e fornecedores em rede interna e pelas relações de mercado externas, igualmente em rede. É a sede da unidade de produção que irradia poder na escala local ou regional de acordo com as estratégias de produção. Em dimensão mais ampla, nas relações de mercado global, o poder de gestão flui dos centros multipolares da ação econômica. Essa estrutura de poder de gestão instalada em novo espaço produtivo e seguindo a lógica global exerce influência nas decisões políticas locais. O exemplo é oferecido pelo complexo automotivo de Gravataí (RS).

A outra forma, complexa e ampla, e de variados formatos empresariais, tem na dimensão estrutural da área portuária marítima do Rio Grande do Sul um exemplo significativo. A estrutura física do porto à entrada da barra do rio Grande é patrimônio público federal, com concessão ao estado e localizada em área de poder municipal. O governo do estado ao privatizar a operacionalização dos terminais portuários redefiniu o território para as práticas econômicas e fez emergir um complexo de relações envolvendo os poderes públicos e privados. Círculos de poder foram formados, cada qual compondo o sistema de forças que atua sobre a gestão do território. Os poderes federal, estadual e o municipal representam as forças do poder público. O poder global é representado pelo consórcio multinacional que administra o terminal de contêineres e pelas empresas da área retroportuária a ele vinculadas. No primeiro exemplo houve a instalação de poder multinacional em área de construção do espaço produtivo global. No segundo exemplo, em face da redefinição do território e da nova posição geoestratégica, ocorreu fragmentação dos poderes locais, multipolarizando as formas e intensidades de manifestação de poder na gestão do território portuário e retroportuário.

Essas e outras formas da espacialidade econômica global se contrapõem às antigas manifestações do poder de gestão nas economias de localização. No ABC paulista, dada a grande concentração de unidades automotivas — era industrial —, o poder local ganhou grande solidez, tanto empresarial quanto sindical. O cenário configurou os anos dourados da Federação das Indústrias de São Paulo, dos sindicatos e suas lideranças e do próprio poder econômico e político do estado de São Paulo. Na atualidade, a economia global produziu a fragmentação do espaço industrial concentrado, dispersando-o em várias unidades da federação. Nos espaços econômicos dispersos, lugares globais, em dimensão regional, as estratégias globais produziram relações de produção e trabalho próprias, mudando o perfil do poder. Já não se trata mais de poder localizado, como força que emerge de estruturas materiais instaladas e de sistemas de forças políticas e sindicais, mas de um poder que emana de condições construídas com densidade de investimentos e formas de gestão que incorporam fluxos decisórios de poder economicamente sustentado.

Antes o poder econômico estava instalado na sede das práticas econômicas e tinha forte representatividade e força junto aos sindicatos, federações de indústrias e órgãos públicos. Presentemente, o poder chega pela imaterialidade dos recursos técnicos, vindo de indefinidos centros globais de decisão, como fluxos à gestão interna e à ação externa; são dirigidos, respectivamente, à estrutura produtiva e às relações com a territorialidade e os mercados. É inegável que esse poder econômico global, racional e pragmático de sustentação às estratégias e práticas globais de maximização dos lucros interfere e influencia decisões políticas locais, nacionais e transnacionais.

Os círculos de poder atuam num sistema de forças que representam interesses comuns, mas com percepções distintas da realidade. Isso produz posicionamentos divergentes quanto ao modo de gestão do território, principalmente em relação à prática estratégica para realizar um objetivo econômico, de um lado, e de outro, o interesse público, social e ambiental. As estruturas empresariais e a organização ou redefinição dos espaços produtivos seguem em primeiro lugar as estratégias globais, o que condiciona uma mudança significativa sobre a estrutura espacial e social do local. Para Borja e Castells (2000:35) "o processo de globalização e a informacionalização dos processos de produção, distribuição e gestão, modificam profundamente a estrutura espacial e social das cidades de todo planeta". E continuam os autores: "esse é o sentido mais direto da articulação entre o global e o local. Os efeitos socioespaciais desta articulação diferem em escala, segundo os níveis de desenvolvimento de cada país, sua história urbana, sua cultura e suas instituições". A mudança acaba ocorrendo como fenômeno da atualidade mesmo nos países mais retardatários ao processo de desenvolvimento.

As diversas formas de manifestação de poder de gestão nos espaços econômicos globais — tecnópoles, regiões metropolitanas, zonas econômicas — e mesmo naqueles que passaram por redefinição do espaço produtivo, o que predomina é a lógica global, impondo-se como uma estrutura superior de poder à qual se ajustam os poderes locais. Em muitas cidades e megacidades que se tornaram centros da economia informacional, há um grande círculo de poder que comanda a gestão numa clara configuração global. São as cidades mundiais que comandam, em rede, segmentos importantes da economia global e, portanto, têm uma gestão global, na qual a flexibilidade funciona como um mecanismo básico de gestão como assinalam Borja e Castells (2000).

Outra consideração importante é quanto às mudanças de poder na própria multipolaridade dos centros de influência econômica. Mesmo os centros mais fortes, Hong Kong, Nova York, Londres, Paris, Frankfurt, Osaka, São Paulo, Buenos Aires, entre outros, reestruturações nas estratégias produtivas têm desconcentrado o poder de gestão. As economias de aglomeração tão típicas da era industrial, que produziram espaços concentrados como o ABC paulista, e originaram uma força locacional intensa passam, no momento, por um processo de dispersão. A produção automotiva é um exemplo de estratégias transregionais e globais. Nesse caso, o poder e a influência de poder sobre a gestão do território são locais, transregionais e globais, formando um sistema de forças onde o poder global, embora dominante, é compartilhado com os outros poderes.

A gestão do território é um conjunto de ações estratégicas combinadas e aplicadas nos espaços urbanos. Há, inicialmente, uma importante distinção a ser feita entre espaços urbanos e cidades. A urbanização se refere a uma articulação espacial de população e atividades, enquanto a cidade é um espaço social, econômico e cultural, onde se produzem e evoluem os modos de vida. Isso significa que o espaço urbano deve ser planejado segundo os fluxos determinados pelas atividades da população, interagindo com a funcionalidade econômica e as mutações dinâmicas impostas pela evolução das técnicas. O complexo espacial urbano deve ser planejado e articulado segundo as necessidades e aspirações das cidades ou, mais propriamente, das zonas urbanas. Os lugares urbanos e suas funções devem incorporar, com o planejamento estratégico, a inovação e a transformação e com elas criar novos espaços de fluxos. Isso pode significar o máximo aproveitamento e redefinição de antigos espaços urbanos, ampliando as possibilidades da articulação entre os lugares urbanos e os fluxos de demandas.

O desenvolvimento urbano se materializa em um programa de obras equilibrado, desejado e harmônico: é o plano estratégico. A gestão urbana estratégica consagra o processo em lugar do produto, ou seja, substitui o setorial, o pontual pelos conceitos e técnicas de integração e coordenação. Os estrategistas urbanos pós-modernos vêm invertendo uma concepção ainda em prática nas administrações municipais: a de um planejamento normativo e centralizado, cujo produto é a oferta urbana. Oferta-se uma nova via circulatória baseada num designo setorial ou pontual, independente da demanda urbana, ou seja, da necessidade ditada pela evolução dos fluxos urbanos. A nova concepção do planejamento urbano tem como estratégias alguns pontos fundamentais: a ampliação dos espaços de fluxos, a estética urbana e as articulações entre os espaços redefinidos ou os novos espaços criados. Quando se impõe a redefinição do território, essa deve representar um ganho de aproveitamento produtivo, circulatório e a interconexão com sistemas que representem atuações integradas e estratégicas.

Há cidades mundiais em processo de reestruturação, redefinição, construção e ampliação de espaços urbanos. A infra-estrutura de transportes, os espaços turísticos e a estética urbanística ganham importância nas funções das cidades na era informacional. O local e o global estão presentes nas estratégias de gestão urbana, como uma conseqüência das mudanças estruturais determinadas pelas novas formas de articulação dos processos econômicos e sociais.

Ao contrário de algumas décadas atrás, os poderes que atuam sobre a gestão dos territórios exercem, na atualidade, uma influência bem mais flexível e de acordo com os padrões da era informacional. Tomando-se um determinado zoneamento urbano pode-se caracterizar um *quantum* de maior ou menor influência sobre a gestão do território, sempre que definida a funcionalidade do espaço. Nos lugares globais certamente as forças que atuam no círculo de poder multinacional terão maior influência sobre a gestão do território. Áreas de concentração de unidades das grandes corporações multinacionais se combinadas com terminais portuários operados por consórcios multinacionais tendem, efetivamente, a exercer fortemente o poder econômico imanente. À medida que os agentes econômicos investem recursos substanciais no território, aumenta significativamente seu poder de influência junto às estruturas do poder político local. Essa influência se manifesta de forma articulada em relação a questões fiscais, ambientais, sociais, eletivas, esportivas e culturais.

As conformações complexas do tipo urbano-industrial e portuária (município do Rio Grande), ou urbano-industrial regional (Região Metropolitana de Porto Alegre), ou ainda do ABC paulista e da região urbana do delta do rio Pearl (Hong Kong, Shenzhen, Macau e Zhuhai) transcendem à gestão urbana isoladamente. A gestão de espaços complexos é articulada por meio de um plano estratégico territorial. Trata-se de uma articulação estratégica complexa, na qual estão presentes os diversos círculos de poder e, em alguns casos, como o da região do delta do rio Pearl, a gestão global.

As regiões transnacionais são poderosas formas de integração entre vários países, configurando um caráter regional de organização econômica. Paralelamente, se integram outros itens, de conteúdo social e cultural. O exercício do poder dentro e entre os blocos está muito diluído em organizações multinacionais, o que diminui consideravelmente a ação direta entre países. A Opep, o G-8, a Organização para a Cooperação e o Desenvolvimento Econômico (OCDE), a OMC, o Banco Mundial e o FMI, em determinadas circunstâncias, falam mais alto. São poderosos círculos de poder e influência de poder.

A tendência é para o fortalecimento dos grandes blocos, incluindo a absorção daqueles que não atingiram um grau de integração e fortalecimento regional suficiente; é o caso do Mercosul, do Pacto Andino e Associações da América Central que poderão ser absorvidos pela Alca. Será um processo conflitante, porém, irreversível, em vista da supremacia norte-americana em relação aos demais países das Américas e, ainda, pela influência de poder dos EUA em grandes organismos financeiros internacionais.

A multipolaridade econômica, na era da globalização, fragmentou o exercício do poder de gestão que passou a ser local e regional a partir dos diversos centros de decisão globais. Essa nova realidade do poder de gestão é bem diferente daquela à época do colonialismo, a primeira grande face da expansão capitalista. Durante os sombrios séculos de dominação colonialista, desde os tempos da Escola de Sagres e das viagens de Colombo até a partilha da África no final do século XIX, o poder econômico das nações colonialistas que se derramava sobre continentes inteiros era sustentado pelos poderes militar e da fé. Os grandes fluxos que se estabeleceram eram os da morte, da conquista, da escravidão e do traslado de riquezas naturais; "a espada e a cruz marchavam juntas na conquista e na espoliação colonial" (Galeano, 1978:32). O imperialismo econômico, a segunda grande face do capitalismo, apoiado sobre a conquista colonialista, estabeleceu novas fontes de poder. A era industrial que rompeu o século XX necessitava de matérias-primas que alimentassem suas unidades de transformação e suprissem as demandas de um mercado consumidor em grande expansão. Dominar as fontes de matérias-primas, as manufaturas, a mão-de-obra, os mercados a partir dos centros hegemônicos era a face do capitalismo que se instalava, exercendo um poder imperial sobre os países subdesenvolvidos. As tropas de ocupação, na América Latina, na África e na Ásia, não eram mais formadas por soldados, mas por agentes econômicos, quer atuando em empresas, como intermediários ou no campo político. Novas estratégias políticas foram implementadas para garantir os fluxos necessários e permanentes das riquezas latino-americanas para os EUA, Inglaterra e França, especialmente. Regimes de força geralmente administravam os interesses do imperialismo econômico.

A globalização, a terceira grande face do capitalismo, introduziu formas sofisticadas de domínio econômico e, particularmente, de exercício de poder e influência de poder, comparativamente, às anteriores. O poder de gestão é compartilhado entre os agentes econômicos, os agentes políticos nacionais e os que representam os blocos econômicos regionais. Uma imensa esfera de poder se amplia sobre a economia global, o que significa poder econômico das grandes corporações multinacionais produtivas e de organismos financeiros. A era informacional, dominada pela informação e o conhecimento, representa o suporte tecnológico necessário ao atual vigor da economia global. Não há contraposição ao poder global e sempre que alguma força se levantar regionalmente será absorvida na rede de estruturas mais amplas e poderosas.

O poder compartilhado, nacional ou regionalmente, nas áreas sedes da ação econômica multipolar, não agrega vantagens comparativas aos Estados-nações, pelo menos no cenário configurado até o momento. Nele os atores representam predominantemente os interesses globais transcendentes em relação aos interesses locais.

Parte IV

Agenda organizacional

As antigas e renovadas realidades tiveram na expressão conceitual de organização a forma singular e superior de estruturação, aperfeiçoamento e atualização. Nada mais evidencia um princípio de organização do que o arranjo dos elementos naturais, combinando-se, distribuindo-se em enlaces físico-químicos para formar, como num significativo exemplo, a ordem estrutural dos cristais. A própria estrutura do universo é uma forma de organização, dinâmica, evolutiva, resultado do jogo das forças fundamentais na relação energia/matéria. No mundo das estruturas vivas exemplos ilustram brilhantes formas de organização do trabalho e de luta pela sobrevivência. A sociedade humana é uma forma de organização também dinâmica, evolutiva e extraordinariamente inovadora. Portanto, do ponto de vista da realização dos fenômenos do mundo, os eventos constituem sempre formas de organização, ou seja, arranjos de fatos associados capazes de oferecer alguma expressão estrutural.

Os processos civilizadores, e neles os impulsos da evolução, comportaram, ao longo da história, arranjos de ações políticas, militares, econômicas, sociais e culturais. As formas organizacionais mais elaboradas, mais inovadoras e, portanto, impulsionadas pelo conhecimento representaram, do passado à atualidade uma razão de desenvolvimento. A sociedade humana, *em sua totalidade, e nas fragmentações nacionais, envolve formas de organização para a vida individual e coletiva. O sujeito individual organiza sua vida de acordo com suas aspirações; o sujeito coletivo integra-se a uma forma de organização mais ampla, dentro das regras e normas que amparam a sociedade na qual vive.*

A atividade econômica principal é representada por formas organizacionais, estruturadas em empresas de diversos portes e naturezas produtivas. As tecnologias, as técnicas de estruturação e gestão modelam a diversidade das organizações tornando-as mais eficientes e mais competitivas no disputado mercado de consumo. A economia global, transterritorializada, é uma forma de organização da produção que transcende os aspectos formais e burocráticos das organizações que contribuíram, decisivamente, à grandeza da Revolução Industrial. As organizações que regem os destinos da sociedade atual, independentemente de teorizações, são formas que atendem às imposições de nova época. Na transposição de uma época à outra, como ocorreu na passagem da modernidade industrial à modernidade cibernética, os valores simbólicos responsáveis pelas práticas econômicas e sociais correspondem, em grande parte, aos signos introduzidos. Os novos valores são simbólica e paradigmaticamente disponibilizados à prática social. Aceitá-los e principalmente praticá-los representa um processo de mudança que conduz a um tempo de atualização. Portanto, atualizar os conhecimentos e as informações é primordial a estágios mais avançados da sociedade. Nesse cenário de dinamismo cognitivo, os valores simbólicos expressam práticas ativadas pelas organizações às quais se reportam as atividades humanas. Assim, organização e sociedade se identificam na cumplicidade do impulso renovador, estabelecendo uma práxis de objetividades no campo concreto das atividades e de subjetividades na realidade do ciberespaço-tempo.

13

Organização e sociedade

As organizações, aqui no sentido amplo, evoluíram ao longo do tempo por variáveis dinamizadas dentro dos processos civilizadores. Dependendo da maior ou menor escala de influências impostas pela cultura, o comportamento e a tecnologia, as organizações passaram por processos de mudança em decorrências maiores ou menores de tempo. A capacidade inovadora da sociedade foi fundamental à ruptura de paradigmas e, naturalmente à inflexão a novos padrões de modernidade. O tempo-espaço das identidades societárias não fluiu e se dimensionou da mesma forma no interior de cada civilização. A cultura, a religião, as práticas produtivas e a ambição de cada sociedade organizada determinaram, em algum momento da história, os umbrais da evolução e do conservadorismo. Se para algumas sociedades organizadas sob a forma de identidades nacionais os valores telúricos favoreceram as inflexões e rupturas a modernidades sucessivas, para outras, no entanto, a modernidade assumiu um sentido duro e inflexível, perdendo o tempo da renovação.

As sociedades mais dinâmicas na esteira do tempo histórico foram as que flexibilizaram o pensamento e a capacidade inventiva, possibilitando avançar para o futuro. Mesmo assim, em determinados períodos, o presente se projetou por tempo demasiado, alimentado por valores estáticos de cultura e religião. Estranhamente, a cultura ocidental ficou presa, por cerca de quatro séculos — Idade Média — a um obscurantismo de idéias se comparada ao brilho da sociedade grega antiga e da árabe, sua contemporânea. A era das ferramentas prolongou-se em demasia, atrasando o movimento renovador que só viria com a transição mercantilista em direção à era das máquinas. O ciclo das grandes navegações resgatou o conhecimento e as informações fora do mundo ocidental, colocando um novo horizonte de eventos às organizações. Uma notável e nova modernidade se abriu no Ocidente, expandindo os horizontes tempo-espaço a novas realidades sociais e naturais. A ruptura entre os valores conservadores da Idade Média e os novos que se anunciavam com o renascimento, o iluminismo e a revolução das máquinas, embora de longa duração para os padrões recentes no trânsito da modernidade industrial à modernidade informacional, viria a impor mudanças profundas e sucessivas em todas as formas de organização. Assim como na atualidade, não mudar, não inovar e não pensar diferente se torna uma postura mortal no mundo das organizações, o mesmo representava manter crenças e procedimentos desvinculados da percepção da nova realidade que se impunha a partir do século XVI e mais fortemente após o século XVII.

As descobertas de novas terras, de novas rotas para antigas terras, de riquezas minerais e especiarias estimularam iniciativas que levariam às formas organizacionais e aos processos de institucionalização dos empreendimentos. O tempo-espaço da realidade projetada pela expansão das rotas, das relações de trocas, da exploração de riquezas naturais e da dominação configurava um mundo de eventos de longa duração e grandes distâncias. As tecnologias disponíveis às necessidades impostas pela ânsia de implementação de estratégias de longo alcance eram insuficientes, o que estimulou o aperfeiçoamento e a introdução de novos instrumentos e técnicas capazes de oferecer respostas adequadas. A necessidade de mudança, na passagem de uma sociedade arraigada em valores e crenças inflexíveis à outra aberta e, voltada aos horizontes que se alargavam, constituiu-se no princípio vital à inovação. A partir da segunda metade do século XVIII a era das máquinas começa sua caminhada desenhando os primeiros contornos da Revolução Industrial que se seguiria e alcançaria a segunda metade do século XX. Essa grande mudança de época desencadeou transformações em todos os setores das atividades humanas, não só econômicas e sociais, como no pensamento, na religião, nas artes, na música e nos símbolos. As formas de manifestação do poder também ganharam dimensões de época e nelas se ampliaram os domínios e sujeições impostas. As sociedades hegemônicas acumularam riquezas e o capital passou a ampliar espaço, força e poder.

Ao longo da era industrial foram aperfeiçoadas as tecnologias, foram ampliadas as fontes de informação e as estruturas organizacionais foram se adequando constantemente aos tempos de renovação. A progressiva evolução das organizações responsáveis pela institucionalização das ações nos vários campos da atividade econômica e cultural vem sendo um marco a definir modernidade e pós-modernidade. Embora exista hoje uma dialética da pós-modernidade (Vieira e Vieira, 2004) exaltando os eventos da nova época, ressaltada pelas avançadas tecnologias da informação, bem como da multiplicação analítica comparada do tempo-espaço onde eles têm predominância, igualmente, do passado, pode-se recolher imagens correspondentes, resguardadas as escalas de valores. Essa visão entre o atual momento em relação a uma modernidade entronizada pelas técnicas e pelos mapas cognitivos da atual realidade e a que se fez presente em épocas anteriores com os mesmos pressupostos, permite visualizar o avanço das formas organizacionais, a institucionalização dos procedimentos, os momentos de mudança, as inovações introduzidas e o comportamento redirecionado. Passado e presente formam um espectro amplo do aperfeiçoamento das formas como a sociedade se organiza, desenvolve um processo evolutivo e dos ritmos como isso ocorre. As sociedades são evoluídas ou retardatárias, criativas ou estagnadas, proativas ou retroativas, ou seja, as que avançam pelo brilho da inteligência e recursos cumulativos e as que regridem em relação aos atributos existenciais substantivos.

Pensar em organização é pensar em mudança, inovação e ação. Há um enlaçamento crescente entre as variáveis que compõem um ambiente organizacional, seja ele do setor público, do setor privado ou do terceiro setor. Porém, é preciso considerar que cada um desses setores não atua isoladamente; ao contrário, os enlaces se multiplicam entre os setores, compondo uma estrutura organizacional interligada, interagindo segundo objetivos específicos. A visão interorganizacional produz, na verdade, um amplo sistema social onde atua a multiplicidade de atores sociais e, nele, com destaque o sujeito da ação, quer individual quer coletivamente. Nesse organismo amplo e complexo, se produzem os avanços da ciência e da tecnologia como portais para o futuro; mas, é nele, também, que se manifestam em toda grandeza eventos à reversão do positivo em negativo, as desigualdades sociais, os preconceitos, a violência e a indignidade existencial.

A organização — e nela a mudança, e nessa a inovação e o comportamento — ganha expressão na atualidade não só pela rápida evolução tecnológica, como pelos novos métodos de gestão e pela entrada em cena de outros valores, signos e símbolos que darão forma à cultura da nova época. Uma cultura que mobiliza a passagem ao século XXI.

A mudança é um processo contínuo, está na base da própria natureza. Nada é sempre igual; tudo está em permanente processo de transformação. Se o movimento é uma das características mais perceptíveis da natureza, significa que a cada instante o movimento desloca uma condição à outra, altera uma posição, transforma uma composição, enfim, altera e renova ao mesmo tempo. Mudar é, pois, transformar, evoluir, extinguir e criar novas realidades, irrevogavelmente. Essa percepção se insere na dinâmica do universo, na qual a mudança no estado da energia é constante e induz às transformações sucessivas na unidade tempo-espaço. É nessa unidade que a matéria singulariza realidades diferenciadas segundo o impulso energético a que está sujeita e é nela, também, que a existência viva passa por ciclos evolutivos de longa, média e curta duração. Portanto, mudança é uma condição de ativação no sentido de universalidade. Os diversos estados da matéria, mesmo considerando o insulamento planetário da Terra, se alteram periodicamente por influência de mudanças que ocorrem em determinadas condições ambientais. As espécies vivas evoluem permanentemente e quando um fenômeno provoca rupturas definitivas, o ciclo evolutivo recomeça sob novas condições, tudo se movimentando permanentemente, inexoravelmente.

Se a mudança tem esse caráter irrevogável, se ela é parte indissociável do que conhecemos como mundo, em todas as escalas, não poderia ser diferente em relação à sociedade e nela às organizações temáticas. Evoluir é uma destinação fenomenológica que representa sempre, para a existência viva e os objetos cósmicos, um ponto de partida (juventude), um ponto de intermediação (meia-idade), um ponto de declínio (velhice) e um ponto final (morte). Essa destinação tem um tempo, breve ou longo, mas sempre representando uma mudança, quer físico-energética, quer mental, quer psicológica, quer sociocultural. Transcendente a destinação do indivíduo, forma-se um corpo de continuidade, de sucessão pelo qual transita o movimento social, a mudança econômica e o comportamento cultural. Assim evoluem as sociedades organizadas, ainda que nem todas no mesmo ritmo. A sociedade, nas suas diferentes formas de manifestação, representa uma organização dentro da qual se operam mudanças permanentes. A força das mudanças que se operam nas diversas atividades desenvolvidas pelos membros das sociedades organizadas pode determinar o grau de evolução de cada uma delas. Isso explica as diferenças de adiantamento e retardamento das formas sociais institucionalizadas da presente atualidade.

No processo de transformação das sociedades há reconhecimento daquelas que representam continuidade, atualidade, evolução, mesmo preservando as bases que desencadearam o conjunto de valores identificadores de determinada época. A história da Terra nos ensina que as transformações por que passou a superfície do planeta, sob ação de um conjunto de fenômenos naturais, caracteriza tempos geológicos, o que significa conjunto de acontecimentos naturais, determinantes a diferenciações em eras na escala temporal. Como era entende-se uma ruptura, uma dinâmica de fenômenos, uma predominância e uma paisagem, todas diferenciadas e marcantes. Em cada era se identificam períodos, como situações episódicas, sem, contudo, alterar a fisionomia geral. Para as espécies vivas a regra permanece, ora dominando uma espécie, ora outra, ou, como no caso dos dinossauros, uma ruptura, o desaparecimento e surgimento de novas formas vivas.

Assim nas sociedades, nas organizações, há formas de mudança com continuidade e formas de mudança com rupturas. No primeiro caso, trata-se de mudança dentro de uma mesma época, no outro, mudança de época. Durante a modernidade da era industrial a mudança ocorreu tanto no uso de novas tecnologias quanto nos métodos de gestão e de estruturas. Porém, se concretizaria, dentro do padrão das tecnologias mecânicas, dos mapas mentais desenhados, da ideologia predominante, dos valores constituídos e das crenças estabelecidas. O conjunto configurava uma época, de longa duração e como tal de grandes conflitos políticos e ideológicos. Mas era uma época, como o foi a da pedra lascada, a da pedra polida, a dos metais, a da máquina a vapor. Todas as mudanças que ocorreram no âmbito dessas épocas em dado momento não mais cabiam dentro dos limites impostos pelos padrões estabelecidos. O transbordamento das idéias e das técnicas acabou rompendo com os diques de época. A ruptura não tem condescendências, não há convivência, não há retorno. Uma nova época se inicia. Às vezes trata-se de um acontecimento símbolo para a travessia de uma à outra época. Foi o caso do domínio dos metais que transcendeu à época da pedra polida e iniciou a era das ferramentas, e foi o caso da máquina a vapor iniciadora da era da maquinaria industrial e foi o caso da microeletrônica que deixou para trás as tecnologias mecânicas da era industrial. A expressão pós-industrial significa exatamente essa substituição de tecnologia predominante e com ela toda uma nova concepção nas relações e convivências.

Em cada época os processos de mudança sempre tiveram como objetivo central o melhor desempenho das organizações. Tanto no setor público quanto no setor privado a busca pelo melhor desempenho marcou de um lado a condição social, de outro o resultado, a lucratividade. A mudança em época ou de época está indissoluvelmente ligada à inovação e ao desempenho. A capacidade de envolver essas variáveis das organizações num determinado momento é a chave da evolução. O sentido da evolução coloca a questão imponderável da destinação, o fenômeno do início e do fim. Os seres vivos nascem para morrer e as civilizações evoluem para desaparecer; assim, em todas as escalas de organização, incluindo a da macrovisão dos sistemas cósmicos; enfim, em toda a ordem do universo. Nada é imarcescível. Muda-se para evoluir e desaparecer!

A sociedade do século XXI será marcada por mudanças substanciais em todos os setores de atividade. O ritmo das mudanças seguirá a dinâmica da tecnologia, cada vez mais avançada e rápida. Do último decênio do século XX aos primeiros anos do atual foi tão profundo o processo de mudança que delineou o contorno objetivo e subjetivo de nova época. Em se tratando de alta tecnologia algumas sociedades se distanciaram rapidamente de outras, as retardatárias, implicando rupturas definidoras de novo caminho. A época industrial e sua modernidade cederam lugar à época "pós-industrial", com outra moldura de modernidade, dominada pelo conhecimento e a informação. A dialética pós-moderna transcende exatamente ao fim de uma época dominada pelo grande edifício fabril, de milhares de operários, multifuncional, dirigido pelo poder investido na figura do proprietário, o capitalista, figura singular da elite industrial. A entrada em cena da revolução microeletrônica, e com ela das técnicas informáticas, da compressão do tempo-espaço e dos novos métodos de gestão estabeleceria, principalmente, a partir dos anos 1990, a grande ruptura na modernidade industrial, passando, rapidamente, à modernidade da era cibernética. A produção industrial foi transterritorializada, robotizada e informatizada nas relações de negócios em escala global. A nova elite dirigente não se associa mais diretamente ao poder do capital, mas do conhecimento e da informação. O capitalista se tornou mais anônimo, muitas vezes com poder simbólico nos quadros das organizações; aos executivos, graduados e pós-graduados, cabe o exercício do poder.

O que se assiste, presentemente, é apenas a introdução de contextos de mudanças, ainda imprevisíveis e ousados. Não há mais certezas; a sensação que se recolhe é de uma sociedade em trânsito permanente, em sucessão de eventos de curta duração. Tudo transita pelas tecnologias de ponta, pelo aprimoramento das técnicas, pela diversificação do conhecimento e da informação e de paradigmas que mudam também de posição ou se investem de novos valores. As percepções dos cenários futuros que chegam rapidamente, e se tornam um fugaz presente, exigirão novas configurações cognitivas, distantes de pensamentos referenciais e deterministas. É nesse ponto que se torna indispensável rever o processo educacional oferecido às gerações sucessivas. Em todos os níveis de ensino é preciso inovar, atualizar, romper com metodologias pedagógicas desatualizadas. O processo de ensino precisa capturar permanentemente o sentido inovador e transformador da sociedade. Isso exige grandes investimentos em educação.

A idéia é de reversibilidade. Para inovar é preciso mudar e para mudar é preciso inovar. Na verdade ambas estão dentro de uma mesma visão de renovação, na qual o comportamento é peça fundamental. A inovação se dá pela introdução de novas idéias no sistema organizacional, capazes de manter ativo o processo de atualização, de modernização permanente, independendo muitas vezes das mudanças tecnológicas. A inovação é a capacidade de criar novas situações, melhorar a qualidade do desempenho e buscar incessantemente novas formas de ação. Não raro constata-se em determinados padrões de funcionamento nas organizações públicas, particularmente, a convivência de tecnologias avançadas em contextos operacionais burocráticos de baixa energia sistêmica. Essa convivência não caracteriza um processo de mudança, pois o sistema institucionalizado retrata uma realidade burocrática não-compatível. A inovação é também uma estratégia de ação, necessária à eficácia no desempenho de qualidade, à eficiência na execução do planejamento e à racionalização dos meios à obtenção de resultados. A visão estratégica nas organizações pressupõe a formulação de ações inovadoras que possam complementar o processo de mudança. Instalada a gestão estratégica, o processo de inovação estabelece os objetivos e as metas flexíveis, seguindo as tendências seqüenciadas nas relações de produção e serviços. Nas realidades altamente competitivas a sobrevivência organizacional depende da capacidade de inovação mesmo em contextos de mudança tecnológica. A gestão multipolar e os sistemas integrados podem ter significâncias maiores à medida que são introduzidas ações inovadoras nos sistemas. São as idéias novas, em ambientes de estímulo, as impulsoras da renovação das práticas e da introdução de novas intenções em obter vantagens operacionais e melhores resultados na objetivação organizacional.

Desenvolver novas idéias a serem introduzidas nos sistemas organizacionais e aplicá-las de modo eficiente é criar ambientes favoráveis à consolidação da mudança. Assim numa unidade tempo-espaço organizacional a criatividade, a inovação e a mudança, variáveis sistêmicas, podem diferenciar o novo do antigo. Essa unidade contemplada como renovação institucional, em sentido amplo, impulsionada por requisitos internos a partir de percepções externas pode determinar a vida útil das organizações. Mesmo no setor público onde a permanência obedece à outra ordem de fatores, há, inevitavelmente, entropia no sistema, com perdas significativas da legitimidade. No mundo das organizações privadas a renovação institucional identificada em estrutura, objetivos, metas e estratégias de ação é questão de vida ou morte. Ou se renova permanentemente, ou não, e nesse caso o declínio é inevitável. A economia global trouxe ao centro dos programas estratégicos a competição não só pela qualidade como pelo nível de inovação. Tanto no aprimoramento dos produtos e nos serviços existentes, como na introdução de novos, as possibilidades de inovação parecem sem limites. O avanço da tecnologia é por si um processo inovador, a partir do qual podem se operar mudanças mais ou menos profundas nas organizações. O processo cumulativo de conhecimentos e informação disponível no início do século XXI cria possibilidades de rápido desenvolvimento em todas as frentes tecnológicas. O aperfeiçoamento das tecnologias já existentes e a geração de novas, produto do avanço científico, repercutem imediatamente nas estruturas das organizações. Essas, por sua vez, para sobreviver como entes de ponta terão que absorvê-las, implementá-las, promovendo as mudanças adequadas.

A concepção tempo-espaço de renovação é uma resposta aos excessos que a burocracia desenvolveu e consagrou como meios de realização dos fins. A pirâmide burocrática, a hierarquização vertical, as estruturas divisionais complexas, os nichos de poder e o formato departamental conduziram à formulação de uma visão conservadora e a uma simbologia cultural inflexível. As tecnologias da informação, o espectro global da economia, a compressão das distâncias, a instantaneidade das relações via ciberespaço e as técnicas de gestão de alto padrão, nas organizações privadas, particularmente, abalaram o edifício estrutural burocrático e multifuncional mudando, inovando, criando e personalizando formas de ação. Concomitantemente, a gigantesca onda de concepções, de comportamento, de competência e de formação executiva varreu as organizações privadas, sinalizando o fim de uma época e a emergência de outra. Os novos valores ergueram os princípios que iriam balizar as condutas diferenciadas, na interação entre a tecnologia, as técnicas e o comportamento. O desempenho teria, forçosamente, de ser outro. Nada que lembrasse as teias burocráticas, lentas na eficiência, nos processos decisórios e com grande elenco de atores. A nova ordem estabeleceu desde logo seus pressupostos: redes de interação sistêmica em ambientes organizacionais, robotização, informatização das demandas e fluxos de informação, portais corporativos, simplificação estrutural, desempenho de qualidade e comportamento inovador. Cerraram-se as portas de uma modernidade e abriram-se as de outra, ou seja, o novo caminho conduziria à modernidade da informação e do conhecimento. A era das tecnologias mecânicas, operadas por milhares de atores de baixa qualificação cedeu lugar às tecnologias microeletrônicas, com sua realidade virtual, seus robôs e seus (poucos) atores altamente especializados.

A mudança e a inovação forçaram a necessidade de novas formas de desempenho e, nele, de comportamento. Não há mudança, não há inovação e não há desempenho de qualidade se não se alterarem as formas de ação e comportamento. A grande diferença entre as organizações privadas e as organizações públicas não está apenas no uso das tecnologias de ponta, mas nas formas de operá-las e delas desdobrar estratégias de ação que simbolizem mudança e inovação. Há, evidentemente, um ponto de equilíbrio e sustentação para as organizações que operam a mudança e a inovação. Ele está na forma de comportamento, na qual se incluem formação, competência e bom senso.

14

Dissonância no sistema

O sistema econômico representado pelas organizações públicas e pelas grandes corporações transterritoriais é ainda um sistema capitalista? Não, certamente, quanto ao modelo que vigorou durante todo período da Revolução Industrial. O sistema foi efetivamente capitalista no sentido da ampla, absoluta e irrestrita predominância do capital sobre o trabalho e as formas de organização, gestão e domínio de classe. O sistema capitalista apoiava-se no corpo doutrinário conhecido como liberalismo, ou seja, toda iniciativa econômica se baseava na livre-iniciativa, no *laissez-faire*, na livre-empresa, sem intervenção do Estado. Notadamente, o capitalismo se transforma e evolui.

A transposição de época, particularmente, a partir da década de 1990, inicia a desmobilização de duas bases ideológicas que encenaram a história das relações econômicas ao longo do tempo. De um lado, a organização empresarial privada, comandada pela vontade individual do proprietário do capital, que se tornava também o proprietário dos meios de produção. Nos tempos de fortalecimento do capitalismo industrial, a figura do capitão de indústria, poderoso e carismático, sobressaía no mundo dos negócios, da riqueza e da influência social, cultural e política. Tratava-se de uma liderança exponencial, identificada como elite dirigente. Embora o capitalismo tenha se tornado um sistema econômico-ideológico no contexto da Revolução Industrial, o capital, contudo, sempre representou uma importante base de poder pessoal e de influência social e política. A riqueza em bens de diversas naturezas, inicialmente, e associada mais tarde aos signos monetários, garantia aos seus proprietários poder e influência de poder. O capital, ou seja, a acumulação de bens materiais e disponibilidade monetária, mesmo sem caracterizar um sistema econômico do ponto de vista ideológico, foi uma forma de manifestação de poder e riqueza individual, familiar e política, essa na identificação de Estados ricos, independentemente da natureza constitucional de cada um. Mas as grandes transformações tecnológicas, de organização e gestão no mundo dos negócios trariam novos paradigmas e nova articulação nas manifestações de poder.

A outra configuração ideológica de grande poder econômico foi o estatismo, ou seja, o Estado empresarial. Por força da necessidade de grandes investimentos em infra-estrutura, os Estados nacionais formaram grandes empresas estatais com o objetivo maior de impulsionar o processo de desenvolvimento. Muitos países, entre eles o Brasil, garantiram uma bem estruturada infra-estrutura de transportes, comunicações, energia, siderurgia, mineração, tecnologia, além de conhecimento científico por meio de empresas públicas. Nos três grandes ciclos do desenvolvimento nacional (1930-1945/1950-1954; 1956-1961; 1964-1985) as empresas públicas tiveram um papel relevante na construção do maior parque industrial da América do Sul, colocando o Brasil entre as oito maiores estruturas industriais do mundo. O poder que emergiu do Estado empresarial foi muito grande, tanto entre as supremacias econômicas mundiais quanto entre os países da orla capitalista. Há, portanto, uma dualidade conceitual capitalista: o capitalismo privado e o capitalismo estatal. O Estado empresário induziu à formação de correntes ideológicas favoráveis à crescente presença estatal na economia, além das atribuições que lhe eram designadas no campo social. As forças contrárias ao amplo predomínio do capitalismo privado levaram ao paroxismo ideológico da absorção pelo Estado de todas as atividades econômicas. Ergueu-se, com a formação do Estado soviético, um sistema de domínio total, e totalitário, da sociedade, embora, dialeticamente encoberto por uma pretensa razão social.

Na presente atualidade há uma profunda dissonância no sistema, tanto na ordem privada como na ordem pública. Na ordem privada transpôs-se o conceito de elites capitalistas dominantes, para o de comandos executivos nos novos formatos das organizações. Pode-se, pois, falar, com mais propriedade e atualidade, em sistema de organização produtiva, dirigida por outro tipo de elite, a dos executivos e especialistas. Na ordem pública, a ruptura foi altamente significativa. O modelo de Estado empresarial começa a ruir nos anos 1990 com a queda do império soviético, e com a transferência de ativos públicos às organizações privadas — processo de privatização — em diversos países, desenvolvidos e subdesenvolvidos. Mas o Estado foi mais além; passa a cogitar também a transferência de obrigações clássicas, investimentos em infra-estrutura, para um novo modelo de administração, o das parcerias público-privadas. O Estado investe-se na condição de agenciador dos investimentos da iniciativa privada na infra-estrutura, promovendo os processos de licitação de obras e, mais, apoiando os investimentos a serem feitos por meio de seus organismos financeiros oficiais. Produz-se, na evolução das atribuições do Estado, uma nova formulação entre o público e o privado. Embora o patrimônio da infra-estrutura, como estradas, portos, grandes estruturas (pontes, túneis), alimentadores naturais de hidrelétricas representem patrimônios públicos, a operacionalização, contudo, passa ao domínio privado. Dessa forma, o Estado viabiliza a mudança de visão estratégica sobre a nação. De Estado investidor de recursos públicos nos planos de desenvolvimento como estratégia econômica e social, transfigura-se em apenas agenciador e financiador do crescimento econômico.

15

Ansiedade instituída

As organizações, públicas, privadas ou do terceiro setor, são fontes geradoras de emprego, portanto, responsáveis pela manutenção das atividades humanas diretas e indiretas. Até o final do século XX as organizações produtivas, de serviços e públicas garantiam o emprego, a forma de vínculo entre uma pessoa — o empregado — e o empregador — o patrão —, identificados em categorias sociológicas: elite e trabalhador. A época foi de grandes estabelecimentos empresariais, com tecnologia mecânica e estruturas burocráticas expansivas, o que gerava grandes contingentes de mão-de-obra. A mão-de-obra especializada era pequena em relação aos quantitativos da não-especializada. O ambiente organizacional e o nível tecnológico criaram as bases para as empresas de milhares de empregados, na maioria de pequena e média especializações. A grande predominância do emprego durante a modernidade industrial fortaleceu organizações de defesa de categorias profissionais, particularmente, os sindicatos, um poder oponente, conflitante e forte às formas de organização das elites dominantes, os capitalistas e dirigentes ao mesmo tempo. Tão fortes e numerosos, os trabalhadores, aos milhares, foram conduzidos por lideranças carismáticas e dialéticas ao confronto não mais e apenas na dimensão sindical, mas em outra, mais ampla e profunda, a ideológica. A construção do ideário populista e proletário sob a forma de um novo Estado, coletivista, estatal, uníparo politicamente e de pleno emprego alcançaria a realização em 1917 com a Revolução Russa. Formava-se a bipolaridade ideológica instalada e perigosamente conflituosa. A base do confronto estava no emprego, personalizado nos milhões de operários em todas as organizações espalhadas pelo mundo. Dos mais ricos aos mais pobres países, dos mais modernos Estados nacionais às retardatárias estruturas tribais, há sempre uma relação de emprego, e, portanto, a caracterização de uma dependência.

A Revolução Industrial ampliou as bases do emprego e da dependência, transferindo parte da mão-de-obra do campo para as cidades, pois, para um grande número de atividades não era necessária uma prévia qualificação. O aprendizado se fazia, inicialmente, no interior das fábricas e, posteriormente, no caso brasileiro, especificamente, em escolas profissionalizantes de nível básico. Um exemplo bem significativo pode ser oferecido pelo parque automotivo do ABC paulista que gerou, a partir dos anos 1950, uma concentração considerável de trabalhadores, com poder sindical. Em determinado momento a dependência de mão-de-obra por parte das grandes empresas foi tão acentuada que os sindicatos se fortaleceram, a ponto de promoverem uma inflexão de caráter nitidamente ideológico e político-partidário. Esse contexto capitalista e sindical sofreria uma ruptura profunda e rápida a partir dos anos 1970 e, mais fortemente, após os anos 1990. A ruptura veio com as novas tecnologias microeletrônicas e com o desmoronamento do edifício ideológico dos trabalhadores, o Estado proletário. A época do emprego e do capitalista dirigente declina e com ela as formas e posturas de comportamento nas relações econômicas, sociais e culturais.

O que se assistiu na última década do século XX e nos primeiros anos do século XXI foi uma rápida transformação da sociedade: a dialética da pós-modernidade destaca os novos paradigmas, não mais os de uma modernidade que se extingue progressivamente, mas de nova modernidade, a da época das tecnologias do conhecimento e da informação. Uma ruptura de tal envergadura pressupõe, obviamente, outra postura dos atores diretamente envolvidos no processo de mudança. As grandes mudanças tecnológicas e de gestão ocorridas nas diversas linhas de produção reduziram dramaticamente as condições de emprego. No campo e nas cidades um contingente crescente de desempregados configura um cenário mundial de grave preocupação e de difícil solução. Como incluir em emprego ou na prestação de alguma forma de trabalho o povo dos sem qualificação num mundo de alta especialização? Aos que ainda mantêm condições de emprego e aos que o aspiram é necessária de um lado uma mudança de comportamento ante as necessidades das organizações e, de outro, a formação adequada à nova época. O comportamento não se restringe apenas a iniciativas das organizações, mas, principalmente, à percepção que cada um possa ter da realidade mostrada tão claramente na atualidade.

A questão do comportamento individual, grupal ou coletivo no âmbito das organizações tem caráter transdisciplinar. Não pode ser, portanto, circunscrita a uma visão analítica disciplinar, nem mesmo temática. As variáveis que compõem o quadro comportamental vão desde concepções e modos de ser pessoal à formação grupal e posturas coletivas. Nesse sentido têm fortes ingredientes psicológicos, de condição social, de formação profissional. A ordem social e nela suas inúmeras variantes, principalmente a econômica, estabelecem padrões de comportamento cada vez mais dependentes das técnicas, da competição e dos resultados. O sujeito individual é valorizado pelo que representa de conhecimento e informação, mas, contraditoriamente, está incluso na teia grupal de determinantes responsáveis pela objetivação dos fins. Há um sujeito objetivo às práticas da pós-modernidade e um sujeito preso aos enlaces da subjetividade nas relações do cotidiano. O sujeito coletivo manifesta-se não mais sob a forma de organizações sindicais, mas de movimentos sociais temáticos, compondo um horizonte de reflexão e percepção da realidade independentemente de conteúdo político e ideológico.

Há inegavelmente uma visão do comportamento pontuado na ação pessoal e que responde pela vida das organizações. É o comportamento com autoridade intrínseca e competência, capaz de estimular a mudança, a criatividade e a inovação. Se há mudança tecnológica é preciso criar e inovar e para tanto o comportamento é fundamental. Uma nova ordem de valores, nas relações internas e externas, só pode ser observada com sucesso quando o comportamento a ela se vincular, o que significa um jogo de trocas capaz de compatibilizar os meios e os fins. Nas organizações públicas há forte retração à mudança porque ela representa duas ordens de fatores: de um lado o temor da perda de *status* e poder e, de outro, o medo da inovação. No caso do Brasil, em particular, mesmo em organizações que deveriam representar a vanguarda da mudança e da inovação, universidades federais, o que se constata é uma aversão às iniciativas de mudança. As pesadas e complexas estruturas organizacionais das universidades federais oferecem, pela forma de comportamento dos atores nelas envolvidos, uma barreira ao processo de mudança e inovação, malgrado o ideário da academia ser exatamente a geração do conhecimento. Se as universidades federais passam atualmente por grave crise de identidade, em parte pode-se atribuir a uma dura e inflexível perenidade institucional. Isso significa recalcitrância à mudança e, como conseqüência, à continuidade de formas de comportamento nas atividades por elas desenvolvidas. Se há um padrão de qualidade nas universidades federais, se há uma afirmativa de que respondem por 60% da pesquisa nacional, enfim, uma valorização do público e gratuito na academia, há, também, de se convir que o universo do ensino superior no país deixa um espaço de menos de 4% às instituições federais de ensino superior e pouco mais de 15% das matrículas, percentuais com tendência de queda. Ser minoritária não é o maior problema; o problema maior é a perda do tempo da atualidade, com sérias repercussões na legitimidade social. Essa é uma característica do serviço público no qual a determinação de mudar e o estímulo à inovação não têm o determinismo típico das organizações privadas. Uma resistência individual pode gerar uma força grupal impeditiva e sobre ela os mecanismos de determinação ficam enfraquecidos. Levanta-se a presunção de poder que se antepõe ao poder legítimo, esse sem força suficiente diante de uma presunção democrática. Os limites do poder legítimo e do poder presumido, da ordem instituída e da democracia da negação são sempre imprecisos, ou supostamente imprecisos. O espírito de corpo, e sua pior versão o corporativismo, é uma manifestação de poder e influência de poder contrária à mudança, perenizando, no tempo, uma forma de instituição com arcaísmos estruturais e organizacionais.

No futuro não haverá alternativa; ou as organizações mudam ou desaparecerão e, na dimensão pública, se tornarão obsoletas, acumulando crises sobrepostas. A mudança, a inovação e o comportamento passam a ser paradigmas permanentes na variabilidade tecnológica e na evolução do conhecimento científico. Subjetividade, utopia e virtualidade dominarão o mundo nas próximas décadas. Será o mundo da subjetivação da vida pela perda do concreto e das incertezas que geram inquietudes. É um mundo para os comportamentos de ativação, com habilidades adquiridas por formação profissional. A questão fundamental colocada à análise e às soluções políticas é como incorporar à sociedade do trabalho os não-habilitados? Há os que já perderam o tempo da formação técnica e há os que ainda aspiram por uma formação compatível com as oportunidades futuras. As organizações do futuro, educacionais, responsáveis pela formação das novas gerações e as organizações de produção e serviços estarão em condições de absorver as necessidades de trabalho da população em crescente expansão? A população do mundo crescerá em ritmo menor nas geografias de desenvolvimento, mas nas áreas mais carentes haverá forte expansão nas próximas décadas. A tecnologia avançará sem limites, abrirá novos horizontes, robotizará a vida cotidiana e gerará riquezas com pequena ou até sem a intervenção do trabalho de escala. A mudança, a inovação e o comportamento terão seguramente novas formas, distintas da práxis atual.

O mundo dos próximos futuros será dominado pela incerteza, a inquietude e uma profunda disfunção social. Nada será previsível, nada será duradouro; tudo caminhará em processo de mudança e inovação. Não só as organizações assumirão as novas dinâmicas, mas, igualmente, o homem, o ser individual e o ser social. Mudará, também, a ordem psicológica das condutas, dos comportamentos, das ações e reações. O homem será, em algumas décadas, um ser retrabalhado pela biotecnologia e flexível às necessárias adaptações aos cenários de permanentes mudanças. Ele próprio será o agente principal das mudanças, seja por meio do conhecimento científico, seja pela geração de novas tecnologias, ou, ainda, pelas inovações e criatividades oriundas do desenvolvimento de suas atividades cotidianas. Nada será igual em eventos assinalados por signos do tempo de cada atualidade, sempre mais fugazes, efêmeros ou transitórios. O mundo do futuro, na verdade, já está presente; alta tecnologia, cultura e avançado conhecimento científico fazem a diferença entre os desiguais. Cada país, cada pessoa; grupos de países, grupos de pessoas; todos os países; todas as pessoas, enfim, a sociedade nacional, a sociedade regional ou a sociedade mundial terão que desencadear significativos processos de elevação psicossocial, de progresso incessante, numa palavra, de mudanças que possam reduzir as diferenças e as desigualdades. A ciência será sempre o portal do futuro; sem ela a vida social se tornaria um cansativo presente. Estimular o desenvolvimento da ciência e a geração de novas tecnologias é, pois, o contraponto a posturas ideológicas recalcitrantes à mudança e à inovação, responsáveis pelo congelamento de formas de comportamento contrárias à própria natureza pensante do ser humano.

O mundo das incertezas avança sobre o sujeito individual ou coletivo. A permanente transposição conceitual e de paradigmas gera um estado de inquietude generalizada. Esse quadro se agrava diante da disfunção social, provocada por fragmentações desestruturadas no ordenamento dos costumes.

16

Organização, mudança e ruptura

As mudanças e as rupturas com um passado ainda recente colocam, na mesma temporalidade, a dualidade cognitiva de realidades transpostas. As mudanças tecnológicas e as rupturas epistemológicas firmaram as bases da nova época que se delineava desde os anos 1970. Mas foi a partir dos anos 1990 que se inicia uma forte transformação da sociedade. Para Silveira (2005:8) "é a ruptura que define a emergência de um novo período". Em pouco mais de um decênio a sociedade transmudou-se rapidamente, pressionada pelas inundações do conhecimento e da informação. Um tempo de conflito certamente, e previsivelmente, se instalaria, confrontando realidades de diferentes tempos; uma impondo-se como realidade do presente para o futuro; a outra, mantendo-se encastelada em ambientes de conservadorismo.

Os modelos cognitivos dominantes sofreram o rápido ataque dos paradigmas e dos símbolos da nova sociedade. Essa constatação envolve graves problemas de ordem psicológica e sociológica na medida, de acordo com a formação de cada sujeito envolvido, das manifestações de sentimentos de rejeição ou aceitação. A rejeição individual quase sempre permanece no mundo interior, do cognoscitivo pessoal, no plano dos sentimentos, percepções e avaliações da realidade; contudo, a ação prática, na inserção da ordem social, produz uma conduta que não pode fugir à dimensão sociológica; a contradição acaba por gerar o conflito da individualidade.

Os pressupostos da modernidade transterritorial do sistema produtivo global trouxeram conseqüências de articulação e, ao mesmo tempo, de desarticulação. A policentralidade global se articulou em formato de grandes redes de produção, concentração financeira, conhecimento e informação, delineando as macrorregiões das quais se projetam poderes econômicos. A desarticulação veio para os Estados nacionais dependentes, economias comprometidas com insumos financeiros no mercado das dívidas públicas externas; são Estados-nações que ao optarem por formas de crescimento financiado externamente, em detrimento de planos de desenvolvimento próprios, colocaram-se em condição subordinada às supremacias econômicas mundiais e, principalmente, à forma mais espúria do capitalismo: o financeiro especulativo.

As organizações assumem papel relevante na sociedade contemporânea. São formas de estruturação do movimento cotidiano da sociedade, no qual os atores sociais se vêem cercados de valores e significados introduzidos pela evolução das técnicas. Mas o sistema organizacional da nova sociedade contempla dissonâncias e gera forte inquietude. A dialética das mudanças atuando fortemente sobre as estruturas cognitivas do corpo social abre um amplo espaço de incerteza. Nele, como caminho do futuro, se desloca o sujeito social, com as imagens de um mundo de avanços no conhecimento e dissonâncias sistêmicas.

A sociedade do ciberespaço-tempo é uma realidade da nova época, de horizontes fugidios, envolvente e inexorável. Nela, tempo-espaço torna-se uma variável determinante às estratégias que encenam diariamente o espetáculo dos eventos econômicos, sociais e culturais. A cibercultura é uma manifestação eloqüente da dimensão cultural estabelecida pela interconexão dos comandos portadores de mensagens e da imagem simbólica da nova sociedade. A sociedade cibernética será uma sociedade de permanente mudança pela própria condição tecnológica que lhe dá sustentação. Nada mais permanecerá por muito tempo no mesmo lugar. Tanto no plano individual, social, como na ordem econômica global. Os poderes transterritoriais serão mais transcendentes aos poderes nacionais, o que leva à percepção de soberanias nacionais compartilhadas e, naturalmente, a determinadas rupturas de identidades.

A condição pós-moderna do sujeito individual e coletivo ao enfrentamento de realidades permanentemente renovadas só se realizará por meio da educação e da elevação cultural. A educação, base da formação da nacionalidade, da consciência social, da harmonia entre a realização pessoal e o construto de comunidade, será o significado mais importante das políticas públicas nos países que aspirarem elevados padrões de desenvolvimento. A educação é a possibilidade de superação das desigualdades coletivas e da pobreza individual. A elevação do cidadão na escala social depende do nível de sua formação, sua habilidade no treinamento da mente para incorporar novos conhecimentos. As estratégias educacionais devem estar voltadas à concretização da utopia de qualificação do sujeito individual e social. Realizada, por meio de ações públicas, a qualificação contínua do sujeito projetará os valores da vida na pluralidade dos espaços sociais.

A educação é o impulso primordial do desenvolvimento humano. É a educação que garante o significado da vida e os valores da consciência social. A educação e a elevação cultural são forças superiores da sociedade do conhecimento e da informação a transitar, continuamente, pelas coordenadas do tempo-espaço. A sociedade que evolui no tempo pós-moderno, com imagens e símbolos novos desenvolve, também, relações novas, cujos valores estão firmemente ancorados na educação. O cenário atual, e futuro com mais razão ainda, é de incertezas, não como percepção negativa, mas como realidade imposta pela rapidez da mudança e da inovação. Serão necessárias, portanto, condições educacionais e ambientação cultural com adequação suficiente ao enfrentamento das incertezas produzidas pela evolução do conhecimento e dos costumes. Diante da juventude em tempos de nova modernidade, com os paradigmas de eficiência e competição, incorpora-se uma visão de mundo e da sociedade a exigir alto grau de formação à qualificação do desempenho. O sistema educacional não pode ficar à retaguarda dos setores mais dinâmicos da sociedade. O mote da ação político-educacional-cultural é a inovação qualitativa das práticas aplicadas ao processo ensino-aprendizagem. Mas é preciso, acima de tudo, qualificar o agente que atua no sistema educativo/cultural. Sintonizar a educação com o tempo-signo de cada época é tarefa de significativo alcance social.

A sociedade pós-moderna é uma transposição de época, assinalada por um signo determinante às profundas transformações na ordem econômica, social e cultural. Os paradigmas da modernidade que se instala irão dominar por um tempo de transição entre uma realidade que se apaga à outra que entra triunfante. O futuro será dominado por avanços mais rápidos e eloqüentes no mundo da tecnologia do conhecimento e da informação. Nada mais será tão duradouro como em outras modernidades. A sociedade se adaptará à inundação de mudanças e inovações permanentes.

O conhecimento e a informação sempre balizaram as relações humanas em todos os tempos e em todos os campos de atividade. Contudo, em nenhum outro momento estiveram tão proeminentes como agora. A época atual é dominada pelo conhecimento e as tecnologias disponíveis que a colocam acima dos pressupostos da época precedente. A informação se irradia pelos caminhos do ciberespaço-tempo, dando nova configuração às relações humanas. A educação que gera conhecimento e assegura formação é o grande portal à emancipação do sujeito individual e coletivo, garantindo a elevação do padrão cultural da sociedade. A construção de novos conhecimentos e novas técnicas via sistema de educação motivam a sociedade a novos empreendimentos, novos avanços e à construção e realização de novas utopias. O entendimento de que a educação renova continuamente a sociedade pressupõe a aceitação e superação das rupturas epistemológicas em relação às estruturas cognitivas, formadas e ativadas por signos de época. A modernidade da era industrial, com suas tecnologias mecânicas pesadas, cedeu lugar à modernidade da era cibernética, fluida, virtual, dominada pela imaterialidade dos códigos, símbolos e imagens. Pode-se, seguramente, afirmar que diante da velocidade das inovações tecnológicas que ampliam o conhecimento e a informação, o tempo da atualidade é de caráter eminentemente transitivo. Essa constatação conduz à percepção da necessidade de se manter no mesmo ritmo de mudança o conjunto das estruturas educacionais.

A nova época, com suas mudanças e rupturas, exige iniciativas de mérito nos campos da educação e da cultura. Iniciativas que busquem suprir a permanente insuficiência humana; insuficiência que gera ansiedade existencial, conflitos interiores, manifestações de insatisfação. A educação é o instrumento que permite superar as fragmentações sensitivas do tempo de vida. Para o sucesso na organização estratégica da vida, cada pessoa terá de valer-se da educação, da cultura e da formação técnica como modo de realização e superação das dificuldades. A base para o enfrentamento do complexo existencial forma-se nos níveis iniciais da formação educacional. É o ponto de partida, a primeira escala entre muitas estações do tempo, do tempo de vida cada vez mais longo e difícil. É a tarefa maior, mais sublime, mais radiante de todo o processo educacional. Uma destinação que não pode ser descuidada, a exigir de todos os que respondem em seu nome dedicação, competência e valores intrínsecos.

O esforço educacional se ativa tanto no campo físico-instrumental quanto, principalmente, na reformulação cognitiva do comportamento dos agentes educacionais diante das novas realidades. Assim, cada iniciativa, cada idéia, cada plano e, portanto, toda ação político-educacional projeta no tempo o domínio de vanguarda, os valores agregados ao trabalho com a educação.

O ensino público e gratuito foi uma das maiores conquistas do impulso civilizador, em todos os tempos, em todas as épocas. Mas o ensino público não deve ser apenas uma obrigação governamental descomprometida com a qualidade, em qualquer dos níveis propostos; deve acima de tudo ser ancorado em ações de eficiência, valores agregados e atualidade. Renovar-se continuamente é incorporar um conceito paradigmático de evolução e realização, permitindo o desenvolvimento da mente humana à condição superior de racionalidade. A inteligência é um potencial a ser desenvolvido por meio de técnicas pedagógicas de treinamento. A inteligência é a fronteira móvel do ser humano que avança de acordo com os impulsos proporcionados pelo processo ensino-aprendizagem. A lógica da ação educacional deve estar orientada à elevação cultural, à formação técnica, à especialização e ao fazer melhor. Essa é a chave que abre a porta à configuração de um ensino público capaz de oferecer indiscriminadamente as mesmas oportunidades, a partir das quais se permita que todos possam construir suas diferenças.

A configuração educação/cultura converge na necessidade de assegurar os dispositivos político-sociais de emancipação do sujeito individual e social. Colocando-se na temporalidade da presente época, essa configuração irá contribuir decisivamente à mobilidade social concreta e positiva e, portanto, à caracterização do sujeito objeto da ação político-educacional-cultural. Todo sujeito é cultural. Retrata sempre uma condição de cultura adquirida e outra de cultura construída. A cultura adquirida é uma herança familiar, dos costumes e tradições do ambiente de formação. A cultura construída chega por meio do processo educacional. A qualidade que emana desse processo responde pela qualidade da cultura construída. Como a educação não deve ser apenas um processo de conhecimentos transmitidos de uma cultura passada, há necessidade de se atualizar as metodologias de ação pedagógica, renovadas em procedimentos de qualidade.

O ambiente educacional coloca a questão fundamental do significado da qualificação do ser. Se o ambiente é favorável, ele próprio revestido dos métodos e técnicas que conduzem à qualificação da ação educacional, o produto dele derivado também se revestirá de qualidade. Portanto, produzir ambientes educacionais de qualidade dá significado ao esforço político-social em atenção à formação da juventude, detentora da herança dos comandos na sociedade. Os objetos de comando estão numa sociedade cultural, técnica e científica. Plantar no ambiente educacional as sementes da inovação, dos programas e planos de atualização dá o significado superior à ação política e educacional responsável pelo avanço da sociedade. A sociedade humana é uma totalidade instituída em fragmentações comunitárias, cuja representatividade local deve ser partícipe na elaboração das ações a ela voltadas. A realidade da nova modernidade impõe o salto conceitual na condição e na realização humanas. O que permite, tomando o tempo como uma categoria central de análise às realidades que se sucedem sob novos signos, sentenciar que o ser humano só alcançará a plena realização por meio de uma sólida formação educacional e cultural.

Conclusão

O grande ciclo das mudanças tecnológicas e econômicas que conduziram ao impacto da economia global e, nela, as novas geoestratégias dos espaços econômicos, tem sido amplamente analisado. As duas grandes revoluções que ganharam impulso nos dois últimos decênios são indissociáveis: tecnológica e organizacional. Elas produziram o fenômeno global, um conjunto de grandes transformações na ordem econômica, projetando o capitalismo da fase imperialista à fase multipolarizada. O advento da economia global projetaria mudanças substanciais nos costumes, na cultura e nas identidades nacionais. Saber até onde o fenômeno tecnológico-econômico global irá produzir uma sociedade global e, particularmente, quando, é imprevisível. Contudo, a tendência é para a sociedade econômica nacional se inserir continuamente na sociedade global, já delineada, incorporando uma ampla faixa de costumes, ações políticas, valores e significados globalmente aceitos e praticados.

Certamente, inúmeras e complexas questões terão de ser equacionadas, assegurando as identidades dos Estados-nações em fundamentos diferentes dos atuais. Os parlamentos dos grandes organismos regionais integrarão os interesses comuns, com uma prática democrática que irá além das fronteiras nacionais. Moeda comum, trânsito livre de pessoas e mercadorias, aproximação das afinidades étnicas e culturais, padrões de conduta, formas de poder e nível educacional constituirão o grande cenário futuro da integração global. Talvez se possa falar de uma fase pós-nacional, sem, contudo, desterritorializar a nação. A questão do território e da territorialidade foi bem posta por Sassen (1999:100): "impacto da globalização econômica na jurisdição territorial, ou, mais teoricamente, a da territorialidade exclusiva do Estado-nação". A autora coloca duas questões fundamentais: uma, o jogo de soma nulo, o que quer que venha representar ganho para a economia global representa perda para a economia nacional, e vice-versa. A outra questão é a de que qualquer evento que venha a ocorrer em território nacional se torna um evento nacional, seja de caráter econômico ou uma decisão política. Sassen coloca, também, uma questão importante e que pode ser vista como uma percepção clara da realidade atual: "estamos testemunhando processos incipientes de desnacionalização da soberania; o deslocamento parcial da soberania do Estado nacional". Ainda, seguindo o pensamento da autora (1999:101):

> minha hipótese é a de que enquanto a globalização deixa o território nacional basicamente inalterado, ela está tendo efeitos pronunciados na territorialidade exclusiva do Estado nacional, isto é, seus efeitos não são tanto no território em si como no encasular institucional do fato geográfico do território nacional. A globalização econômica implica um conjunto de práticas que desestabilizam outro conjunto de práticas, por exemplo, práticas que vieram a constituir a soberania do Estado nacional.

A maior dificuldade a ser enfrentada nesse encaminhamento global das sociedades nacionais é, precisamente, vencer os obstáculos das práticas históricas que formaram as nacionalidades e as imposições das hegemonias externas. Ao longo deste livro viu-se que a queda das barreiras espaciais, o poder individualizado das grandes corporações nacionais, os interesses dos países hegemônicos — herança do colonialismo e do imperialismo — o poder das organizações que controlam produtos, créditos e investimentos tornaram a globalização um fenômeno econômico de mão única.

Na primeira fase da globalização aprofundaram-se as desigualdades sociais e as dependências de muitos a poucos países e o agigantamento do poder de organismos internacionais no controle das economias nacionais. Esse espectro da globalização é o de uma fase inicial, de pós-ruptura da bipolaridade ideológica, e de rápida evolução das técnicas, que permitiram uma reestruturação do capitalismo em decorrência de tempo surpreendentemente curta. Acompanhando a rapidez das transformações tecnológicas, a economia tornou-se de velocidade. A expansão global do capital em multipolaridades espaciais acentuou o caráter principal do capitalismo que é o da geração de lucro. A maximização dos resultados da atividade econômica rompeu com os contratos sociais da era industrial formulados em difíceis negociações político-sindicais. Tudo o que havia sido conquistado nos últimos 50 anos em termos de benefícios sociais foi rompido. Abriu-se a era pós-social, identificada pela racionalidade, eficiência, produtividade e a maximização do lucro, tanto maior quanto mais rápido.

É natural considerar essa fase da nova face do capitalismo, global e informacional, como um oportunismo histórico e sistêmico, diante de um mundo unipolar, ideologicamente, movimentado pelo extraordinário poder das grandes corporações multinacionais e pela não menos poderosa rede do crime organizado. É de se esperar, contudo, que a globalização evolua num sentido mais social e cultural, mais equânime nas relações econômicas multilaterais, ainda que integradas em blocos, configurando grandes geoespaços econômicos e estratégicos. Também é possível a evolução de um novo sistema democrático, de forte representação regional, a exemplo da União Européia.

A nova geografia do poder tem para Sassen (1999) três pressupostos básicos: a questão dos espaços da economia global ou geografia estratégica da globalização ou, ainda, a forma particular de territorialidade na economia global; o Estado e a nova economia do espaço; os novos regimes e práticas legais. Esses são os três componentes da atual geografia do poder, segundo a autora. Deles, este livro tratou, detalhadamente, dos dois primeiros. A estruturação de regimes legais para as operações da economia global vem sendo preparada em acordos diplomáticos para a funcionalidade dos blocos econômicos. Essas tarefas serão, progressivamente, transpostas para os parlamentos regionais, de onde sairão com muito maior eficiência e aplicabilidade, a exemplo do que ocorre com a União Européia. É natural pensar nas imensas dificuldades e nas complexidades inerentes aos regimes legais necessários para se chegar a uma sociedade global. Os Estados nacionais integrados em blocos regionais ou continentais terão de passar por uma profunda transformação de ordem econômica e institucional. As ações dos seus bancos centrais e de outros organismos representativos do poder público terão de interagir no fortalecimento das práticas de comércio.

A geoestratégia dos espaços econômicos na sociedade global, em grande parte já vivenciada, não traduz a idéia de materialização única no território, nem da perda de soberania, nem de economia dependente *ad aeternum*, nem, necessariamente, de moeda comum ou, ainda, de cultura alienada. Há uma progressiva e dramática passagem da sociedade moderna, da era industrial, para a sociedade programada da chamada era informacional, sintetizada em valores e significados de caráter global. As sociedades nacionais partilham cada vez mais a idéia do global, uma estreita interação da dualidade nacional-global, especialmente quando os fluxos da vida pós-moderna se movimentam pela nova dimensão do espaço, o ciberespaço. Os limites que a modernidade impunha à sociedade por meio dos aparelhos ideológicos são superados pelas novas concepções da organização econômica e social. Parece que chega ao fim o conflito entre o sujeito pessoal e a sociedade como sujeito coletivo, o fim da identificação dos direitos do homem com os deveres do cidadão, conforme enunciou Touraine (1999). Os novos movimentos sociais, que emergiram com o ideário global, transparecem o interesse sobre o coletivo humano, as questões ambientais, a dramaticidade da pobreza, a perplexidade do crime e se dinamizam a partir de processos independentes de ação. São ações das organizações temáticas globais em defesa do meio ambiente e dos direitos humanos. Ações que encaminham à conscientização global os problemas da sociedade e da própria preservação da vida no planeta. A sociedade do futuro será naturalmente mais interdependente. É, precisamente, essa estrutura interdependente das sociedades nacionais que configura a sociedade atual, incompleta, imperfeita e, seguramente, injusta, mas global, sem dúvida.

Referências bibliográficas

ALMADA, C. Integración económica, desarrollo y administración pública: la experiencia de la comunidad europea y el tratado de libre comercio de América del Norte. In: KLIKSBERG, B. (Org.). *El rediseño del estado*: una perspectiva internacional. México: Instituto Nacional de Administración Pública, 1996.

ARRIGHI, G. *O longo século XX*: dinheiro, poder e as origens do nosso tempo. São Paulo: Unesp, 1994.

BARQUERO, A. V. *Desenvolvimento endógeno em tempos de globalização*. Porto Alegre: UFRGS, 2002.

BAUMAN, Z. *Modernidade líquida*. Rio de Janeiro: Jorge Zahar Editor, 2001.

_____. *Identidade*. Rio de Janeiro: Jorge Zahar Editor, 2005.

BECKER, B. A geografia e o resgate da geopolítica. *Revista Brasileira de Geografia*, Rio de Janeiro, v. 50, n. 2, p. 99-125, 1988.

BERGER, P. L.; LUCKMANN, T. *A construção social da realidade*. Rio de Janeiro: Vozes, 1998.

BOISIER, S. Modernidad y territorio. *Cuadernos del Ilpes*, Santiago do Chile, n. 42, 1996.

_____. ¿Hay espacio para el desarrollo local en la globalización? *Revista de la Cepal*, n. 86, p. 47-62, ago. 2005.

BOUDEVILLE, J. R. *Los espacios económicos*. Buenos Aires: Eudebra, 1961.

BORJA, J.; CASTELLS, M. *Local y global*: la gestión de las ciudades en la era de información. México: Taurus, 2000.

BRAUDEL, F. *A dinâmica do capitalismo*. Lisboa: Teorema, 1986.

CANCLINI, N. G. *La globalización imaginada*. Buenos Aires: Paidós, 1999.

CASAROTO FILHO, N.; PIRES, L. H. *Redes de pequenas e médias empresas e desenvolvimento local*: estratégias para a conquista da competitividade global com base na experiência italiana. São Paulo: Atlas, 1999.

CASTELLS, M. *A sociedade em rede*. São Paulo: Paz e Terra, 1999. v. 1.

CEPAL (Comissão Econômica para a América Latina e o Caribe). Cambios estructurales en los puertos y la competitividad del comercio exterior de América Latina. *Cuadernos de la Cepal*, Santiago de Chile, n. 65, 1991.

CINTI, P. A sociedade programada. In: DE MAIS, D. (Org.). *A sociedade pós-industrial*. São Paulo: Senac, 1999.

DICKEN, P. *Global shift*: the internationalization of economic activity. London: Paul Chapman, 1992.

DOMINGUES, M. V. de la R. *Superporto do Rio Grande*: plano e realidade. 1995. Dissertação (Mestrado) — Instituto de Geociências, Universidade Federal do Rio de Janeiro, Rio de Janeiro.

FISCHER, T. *Gestão contemporânea*: cidades estratégicas e organizações locais. Rio de Janeiro: FGV, 1996.

FOUCAULT, M. *Microfísica do poder*. Rio de Janeiro: Graal, 1996.

FURTADO, C. *O capitalismo global*. São Paulo: Paz e Terra, 2000.

GALBRAITH, J. K. *Anatomia do poder*. São Paulo: Pioneira, 1984.

GALEANO, E. *As veias abertas da América Latina*. 4. ed. Rio de Janeiro: Paz e Terra, 1978.

GIDDENS, A. *A construção da sociedade*. São Paulo: Martins Fontes, 1989.

GUELL, J. M. *Planificación estratégica de ciudades*. Barcelona: Gustavo Gili, 1997.

HARVEY, D. *A condição pós-moderna*. São Paulo: Edições Loyola, 1993.

HOBSBAWM, E. *A era dos extremos*. São Paulo: Companhia das Letras, 1995.

HUXLEY, A. *Admirável mundo novo*. São Paulo: Victor Civita, 1980.

IANNI, O. *Teorias da globalização*. Rio de Janeiro: Civilização Brasileira, 1998.

KLIKSBERG, B. El diseño del estado para el desarrollo socioeconómico y el cambio: una agenda estratégica para discusión. In: _____ (Org.). *El diseño del estado*: una perspectiva internacional. México: Instituto Nacional de Administración Pública de México, Fondo de Cultura Económica, 1996.

LEBRUN, G. *O que é poder*. São Paulo: Brasiliense, 1999.

LEVY, P. *As tecnologias da inteligência*. São Paulo: Editora 34, 1999.

MARTIN, H.-P.; SCHUMANN, H. *A armadilha da globalização*: o assalto à democracia e ao bem-estar. São Paulo: Globo, 1997.

MORIN, E. *O método*. Portugal: Publicações Europa-América, 1980.

NEKRÁSOV, N. *Organización territorial de la economia de la URSS*. Moscou: Progresso, 1975.

OHMAE, K. *O fim do Estado-nação*: ascensão das economias regionais. Rio de Janeiro: Campus, 1996.

PORTER, M. *A vantagem competitiva das nações*. Rio de Janeiro: Campus, 1993.

RAMONET, I. *Geopolítica do caos*. Rio de Janeiro: Vozes, 1999.

RATZEL, F. Ubicación y espacio. In: RCACH, A. B. *Antologia geopolítica*. Buenos Aires: Pleamar, 1985.

RUSSELL, B. *O poder*: uma nova análise social. São Paulo: Livraria Martins, 1941.

SANTOS, M. *A natureza do espaço*: técnica e tempo, razão e emoção. São Paulo: Hucitec, 1996.

SASSEN, S. Território e territorialidade na economia global. In: BARROSO, J. R. (Org.). *Globalização e identidade nacional*. São Paulo: Atlas, 1999.

SILVEIRA, M. L. *Continente em chamas*: globalização e território na América Latina. Rio de Janeiro: Civilização Brasileira, 2005.

TOURAINE, A. *Crítica da modernidade*. Rio de Janeiro: Vozes, 1999.

TRICART, J.; CAILLEUX, A. *Introduction a la géomorphologie climatique*. Paris: Sedes, 1995.

VALENTEI, D. *Teoria de la población*. Moscou: Progresso, 1974.

_____; RANGEL, S. S. *Planície costeira do Rio Grande do Sul*: geografia física, vegetação e dinâmica sociodemográfica. Porto Alegre: Sagra, 1988.

VIEIRA, E. F.; *Geografia econômica do Rio Grande do Sul*: espacialidade/temporalidade na organização econômica rio-grandense. Porto Alegre: Sagra-Luzzatto, 1993.

_____; VIEIRA, M. M. F. *Espaços econômicos*: geoestratégia, poder e gestão do território. Porto Alegre: Sagra-Luzzatto, 2003.

_____; _____. *A dialética da pós-modernidade*: a sociedade em transformação. Rio de Janeiro: FGV, 2004.

VIEIRA, M. M. F. Poder, objetivos e instituições como determinantes da definição de qualidade em organizações brasileiras e escocesas. *Revista de Administração Contemporânea*, v. 1, n. 1, 1997.

WEBER, M. *Economia y sociedad*. México: Fondo de Cultura Económica, 1969.

YIP, G. S. *Globalización*: estrategias para obtener una ventaja competitiva internacional. Bogotá: Grupo Editorial Norma, 1996.

Esta obra foi impressa pela
Armazém das Letras Gráfica e Editora Ltda. em papel
off set Primapress para a Editora FGV
em setembro de 2007.